COLECCIÓ

Atrapados en el zoo
Aventuras de Marco
Canción del hielo, L
Cuentos de la tradición mexicana
Érase una vez el Sol
Érase una vez la Luna
Fábulas del Sr. Tortuga
Fantasmas de Cerros Blancos, Los
Leyendas de la provincia mexicana / zona norte
¡Niñas al rescate! I
¡Niñas al rescate! II
¡Niñas al rescate! III

COLECCIONES

Belleza
Negocios
Superación personal
Salud
Familia
Literatura infantil
Literatura juvenil
Ciencia para niños
Con los pelos de punta
Pequeños valientes
¡Que la fuerza te acompañe!
Juegos y acertijos
Manualidades
Cultural
Medicina alternativa
Clásicos para niños
Computación
Didáctica
New Age
Esoterismo
Historia para niños
Humorismo
Interés general
Compendios de bolsillo
Cocina
Inspiracional
Ajedrez
Pokémon
B. Traven
Disney pasatiempos

Rafael Olivares
Leyendas de la Provincia Mexicana

Zona Norte

SELECTOR
actualidad editorial

Doctor Erazo 120
Colonia Doctores   Tel. 55 88 72 72
México 06720, D.F. Fax. 57 61 57 16

LEYENDAS DE LA PROVINCIA MEXICANA/ ZONA NORTE

Diseño de portada: Mónica Jácome
Ilustración de interiores: Jaime Millán y Yedid Millán

Copyright © 2002, Selector S.A. de C.V.
Derechos de edición reservados para el mundo

ISBN-10:970-643-451-8
ISBN-13:978-970-643-451-7

Sexta reimpresión. Febrero de 2007.

Leyendas de la provincia mexicana/ zona norte
Tipografía: *Angélica Pereyra*
Negativos de portada e interiores: *Fotolito Daceos*

Esta edición se imprimió en Febrero de 2007. Impre Imagen
José María Morelos y Pavón Mz 5 Lt 1 Ecatepec Edo de México.

NI UNA FOTOCOPIA MÁS

Características tipográficas aseguradas conforme a la ley.
Prohibida la reproducción parcial o total de la obra
sin autorización de los editores.
Impreso y encuadernado en México.
Printed and bound in México

CONTENIDO

Cosas que la gente cuenta...   7
La dama elegante   9
El fantasma del convento   13
El niño que juega   19
No lloren más por mí   23
Échame en ancas   29
Una canción de cuna   33
Dos horas de miedo   37
El fantasma justiciero   39
El regreso   43
El llanto de un fantasma   47
El ángel de los caminos   53
El hombre sin cabeza   57
El fantasma de Estación Mesa   61
Los seres de la noche   65
El visitante   69
Cazar un fantasma   75
El diablo en persona   79
El jinete fantasma   83

Caballo negro	85
El jinete negro	87
El rancho Las Gemelas	91
El hombre Lobo de Colombia	99
La carcajada de la bruja	107
El mal puesto	111
Antes que la noche llegue	117

COSAS QUE LA GENTE CUENTA...

¿Existirán espíritus errabundos que no han encontrado el camino que los lleve al lugar a donde los muertos van o serán entes de una extraña dimensión, ignorada y oculta al entendimiento? Al fin limitados en nuestra condición humana, no lo sabemos; pero por los pueblos norteños entre los límites fronterizos de Tamaulipas, Coahuila y Nuevo León, se cuentan historias de fantasmas, de terríficos contactos con el diablo o con presencias de naturaleza extraña que dan un sabor muy especial a la conversación con la gente de esta región. Son todos ellos personas sencillas, que nada saben ni pretenden entender; sólo se limitan a vivir la vida y a rodearse de su magia refugiados a veces en una vieja oración, en una cura de susto o en el valor improvisado que da un buen trago de mezcal.

Durante el día, hay que vivir su no siempre amable realidad; al llegar la noche, hay que vivir sus misterios, hay que revivir la fantasía que rescata al hombre de su cotidiano y mezquino vivir, hay que descansar de la dura faena contando las viejas historias herencia de esta tierra para maravillar a los niños o a los amigos que comparten la mesa o la fogata.

Imaginarios o reales, los fantasmas forman parte del folclore de los pueblos y en todas partes se asegura verlos transitar silenciosos y espantables, por parajes desolados o casas abandonadas; tal vez suspirando por un lejano pasado y un presente incomprensible; atrapados en el tiempo y el espacio; perdidos en un medio al que ya no pertenecen.

¡Son tantas las historias de fantasmas y demonios perturbando a la población! Muchas de ellas son en verdad encantadores relatos que a la vez nos permiten asomar no sólo a las creencias, sino también al costumbrismo, a la cotidianidad en los tiempos pasados. Por eso, una leyenda entre más antigua es más interesante, porque ella es como una ventana a través de la cual nos podemos asomar a los usos y costumbres que se han ido con el tiempo.

Aunque anónimas, estas historias son verdaderas joyas de la tradición oral y hoy las presentamos para conocer las cosas que la gente cuenta...

LA DAMA ELEGANTE

(Un palillo entre los dientes)

Terminaba el primer cuarto de siglo y las escasas cuadras de Estación Rodríguez, la veían pasar cotidianamente en plan de compras o de visita a sus muy pocas amistades. Era una mujer delgada, de aspecto delicado, otoñal y solitaria. Poco se sabía de su vida pues, a pesar de su estampa grácil y carácter atento, era recatada y discreta en el trato con la gente del lugar. Vestía siempre de largo, en escrupulosa combinación de botines, vestido y paraguas. Llevaba siempre algún pequeño y elegante sombrero bajo el cual lucía siempre aquella amable sonrisa, con un palillo entre los dientes.

Don Pedro era un hombre de campo y poseía unos pastizales que le daban lo necesario para bien vivir. Era distinguido por su fuerte carácter que tantas veces hizo valer ante los peligros del monte po-

blado de alimañas venenosas, pumas depredadores y abigeos al acecho del ganado. Pocos sabían que era también padre amoroso; que sus hijos y su apacible esposa eran los más grandes bienes con que la vida lo había premiado.

El más pequeño de sus hijos enfermó de gravedad. Las fiebres, los vómitos constantes y la inapetencia lo iban consumiendo poco a poco. Don Pedro acudió a todos los médicos de la región sin encontrar una cura efectiva para el pequeño que se debilitaba día a día. Desesperado, aceptó el consejo de llevarlo a una vieja curandera de Villaldama; la cual, tras aplicar en el niño su ciencia apócrifa y ancestral, hizo saber a don Pedro que el enfermo había sido embrujado por una mujer que vivía enfrente de su casa; y la única manera de conjurar el mal era rescatando una foto del niño que estaba entre las cenizas de la chimenea.

El hombre, furioso y decidido a salvar a su hijo, llegó a la estación y fue a casa de la vecina quien congeló la amable sonrisa al ser empujada y arrollada por el intruso, que avanzaba hacia la cocina con imparable determinación. Desesperado, hurgó entre las cenizas y estalló en ira al descubrir la foto de su hijo. Volvió hacia la mujer y tomándola por los cabellos la cubrió de toda clase de golpes. Al verla en el suelo, inmisericorde y ciego de rabia, se quitó el grueso cinturón y la azotó hasta verla perder el conocimiento. Terminada su cruel venganza, don Pedro salió con la foto rescatada mientras, allá adentro, la mujer empezaba una larga agonía.

Pasaron los días y el niño recuperó la salud; pero aquella elegante dama, dejó de verse por las calles del pueblo. Poco después, fue encontrada muerta; quizás como trágica secuela de los golpes recibidos.

Años después, un exprés cruzaba por los linderos del antiguo panteón de Rodríguez. El viejo camino a Lampazos vadeaba por un lado del camposanto y era la ruta obligada para todos los viajeros. La noche había caído y acariciaba con su frescura la frente de don Pedro, que pensativo y cansado, vislumbraba ya la cercanía del hogar. De pronto, a su espalda, sintió que algo de peso había subido a la caja del carruaje mientras la mula entraba en un súbito nerviosismo apenas controlable. Intrigado, volvió el rostro y descubrió una mujer que de pie en la caja, lo miraba con aire arcano bajo un femenino sombrero que acompañaba con paraguas, largo vestido, botines de fina piel y lucía en la faz una extraña sonrisa, con un palillo entre los dientes.

El pasado golpeó la memoria de aquel hombre quien sin embargo, tuvo como reacción una nueva oleada de ira y le tiró varios fuetazos que se perdían en el vacío mientras la etérea dama permanecía enhiesta y sonriente. Al cruzar los límites del panteón, aquella entelequia se evaporó y la bestia recuperó la calma. Don Pedro supo que desde ese momento, aquel mal recuerdo se materializaría y como pesadilla, se haría presente cada vez que tomara ese camino.

El tiempo siguió su marcha y los actores de esta historia se fueron agregando al polvo de las generaciones del pasado. El olvido los fue cubriendo y en los terrenos del panteón se fundó la colonia Chapultepec. Muchos cuerpos fueron reubicados y otros muchos quedaron sepultados bajo el peso de la ingratitud de sus deudos y la memoria perdida.

Hoy, los niños juegan en torno a una cruz que quedó en su patio y las mujeres tienden ropa paradas sobre una lápida. Los nombres ya ilegibles de las criptas, suspiran por el sacrilegio diario y la indiferencia de la gente ante aquel suelo antes venerable. Y las noches caen sobre la colonia donde el diario sobrevivir de los humildes habitantes no deja lugar a la fantasía y, sólo a veces, algún vecino cuenta mientras toma el café de la mañana que se dice por ahí, que han visto a una mujer de porte antiguo cruzando por los patios vestida en elegante atuendo: con paraguas, sombrero, vestido elegante y largo; luciendo en el rostro una enigmática sonrisa que acompaña con....

Un palillo entre los dientes.

EL FANTASMA DEL CONVENTO

Era el año de 1912, y aunque eran los tiempos de la Revolución, la vida en Lampazos de Naranjo transcurría muy pacífica en el diario trabajar los ganados, temporales y minas; estas últimas, en ese tiempo ya en franca decadencia. El abolengo que da el dinero y las raíces, se notaba en el estilo de vida de la sociedad lampacense: construcciones señoriales, vestimenta de importación y el colegio del Verbo Encarnado, que funcionaba en la vieja misión y su templo del Sagrado Corazón. Ahí, niñas y adolescentes acudían para recibir una pulida educación de parte de las monjas que aplicadas a este ministerio, vieron partir de sus aulas muchas generaciones de jóvenes que egresaban convertidas ya en verdaderas damitas con aptitudes para las artes, con una actitud hacia la sociedad de su tiempo, y con un cúmulo de conocimientos que aplicarían a su vida futura.

Las alumnas foráneas estaban como internas y las locales acudían a diario al colegio; pero ambas, llevaban una rutina rígida que empezaba cada día con el sonar de las campanas que las levantaba de sus lechos para después del aseo personal, acudir en disciplinada formación a la capilla. Ahí, junto al párroco del templo, con una misa daban gracias a Dios por el día que empezaba mientras el sol asomaba curioso por las ventanas para escuchar las voces de niñas y monjas entonando himnos y cantos litúrgicos que se elevaban al cielo como un coro angelical. Luego de este místico momento, pasaban en orden al comedor para saborear el desayuno en risueña charla con las compañeras; pues la hora de compartir la mesa, era el momento de pasarse también las noticias del día. El tercer paso, era el distribuirse en las aulas para recibir instrucciones en las ciencias y tras cinco horas de clases, pasaban al comedor para los alimentos del medio día. La tarde, la organizaban en descanso, juegos e instrucción en artes, cocina y manualidades, hasta terminar la jornada con una merienda y un dar gracias en la capilla por el día de labores que terminaba.

La vida era muy tranquila entre reclinatorios, pupitres y patios de recreo. Parecía que nada podría alterar tan arcádica existencia, pero una madrugada en que las internas estaban en sus dormitorios, una alumna despertó al escuchar un extraño rumor de voces que se fue convirtiendo poco a poco en el estruendo lejano de una multitud. Volvió la mirada al ventanal buscando el origen de aquel ruido; pero lo que vio fue el rostro de un joven que con expresión triste, suplicante, la miraba en silencio asomando por el enrejado. Nada decía el desconocido visitante, sólo permaneció ahí: con las manos aferradas a los barrotes y el rostro conmovido por palabras que nunca pronunció.

La joven no pudo más. Corrió hacia la monja más cercana para dar aviso del extraño en el patio y salieron de inmediato a investigar con el viejo sereno; pero el anciano nada había visto. Monjas y Superiora le dijeron que sería su imaginación, que nadie en el internado había observado ni escuchado nada; pero la muchacha fue pasando de la alarma a un nerviosismo incontrolable que sólo con plegarias ante el altar pudieron calmarle. Al fin, convencida de la protección que da una oración, fue retirada a su dormitorio y pasó la noche en la paz recuperada.

La rubia mañana se levantó de su lecho en el oriente para llegar vestida de luz hasta la nave del templo a escuchar las voces celestiales. Luego que las alumnas terminaron el servicio religioso, pasa-

ron al comedor y ahí se enteraron de una noticia que llevaba una de las no internas: se decía que esa madrugada, por alguna calle del pueblo, habían encontrado el cuerpo de un joven asesinado. En el transcurso de la mañana, la triste nueva se confirmó y el colegio se quiso solidarizar con el dolor de la familia afligida, enviando una monja al frente de una comisión de alumnas para llevar flores y un mensaje de fe a los deudos. La estudiante de nuestra historia, sintió una gran necesidad de formar parte de aquel grupo y rogó ser aceptada.

Así pues, salieron las jóvenes misioneras y las empedradas calles de Lampazos las vieron caminar por las aceras, llevando flores en las manos y palabras de aliento entre los labios. Al acercarse a la puerta de la familia dolorida, escucharon rezos entre llanto y expresiones de suplicio por la joven vida que se había perdido.

La solemne comisión se anunció, fue recibida con muestras de agradecimiento, y la monja se dirigió a los mayores mientras las discípulas buscaban dar consuelo a jóvenes y niños. De pronto, una de las visitantes se puso sumamente nerviosa. Fijó la mirada en el pálido rostro del cadáver que inexpresivo y con los ojos entreabiertos parecía asomar atento a mundos desconocidos. ¡Era el mismo muchacho que la madrugada anterior había visto ante su ventana! Un grito de espanto suspendió la misión...

El colegio se sacudió con la noticia. Todas las alumnas formaban corrillos comentando el extraño suceso. Las monjas no hallaban explicaciones sólidas que dar porque nadie tiene más que respuestas de fe para lo que pueda suceder después de cruzar el umbral de la muerte. Y una respuesta de fe se dio ante aquellos hechos: la madre Superiora, interpretando los deseos del espíritu que visitara el convento, organizó con las alumnas del Verbo Encarnado el Novenario por el descanso de aquella alma que, atormentada por su partida al Infinito, llegó a suplicar una plegaria por el perdón de sus pecados.

Un año después, párroco, monjas y estudiantes dejaron templo, convento y aulas, pues la violencia revolucionaria invadió el pueblo. Fuerzas militares ocuparon el antiguo edificio como cuartel y, tras un incendio, dejaron todo en desolación y ruinas.

Muchas familias emigraron de Lampazos huyendo de la guerra y el convento quedó solo y degradándose lentamente. Perdió el segundo piso y sus jardines fueron muriendo hasta convertir el solar en un páramo triste. Sin embargo, esperó paciente, confiado en que las piedras son eternas y sus paredes fueron diseñadas para soportar el paso de los siglos. Y así, muchas décadas pasaron para que fuera restaurado, pero nunca volvió a ser lo que era. Hoy, es el orgulloso Museo de Armas e Historia de Lampazos y aún está ahí: como centinela vigilando el transcurrir del tiempo, como testigo fiel de la larga historia de un pueblo, y suspirando todavía por aquellos años en que sus recintos y patios se llenaron de voces de niñas entonando cantos religiosos, alegres rondas y sonriendo ante un futuro que no vieron llegar, en aquel viejo Lampazos que se fue...

Para nunca más volver...

EL NIÑO
QUE JUEGA

Cuentan que por el año de 1935, en la Estación Rodríguez, en lo que hoy es la calle Manuel Rodríguez de la colonia Chapultepec, vivió una familia que padeció los mismos pesares de supervivencia que la gente sufrió por aquellos tiempos, tales como el desempleo y el diario carecer de lo más indispensable. Pero, aunque sin dinero, la vida era bastante tolerable porque la vivían en salud y amor hasta que la tragedia se apoderó de aquel hogar: nació un niño con el síndrome de Down. La pareja se llenó de pena ante aquel golpe de fatalidad; pero al poco tiempo su dolor se transformó en rebeldía ante los altos designios, rencor hacia la gente por sus mal disimulados comentarios, y odio hacia la pobre criatura que no tenía más culpa que haber nacido en brazos de la tragedia.

El pequeño fue creciendo a pesar de los malos tratos y cuidados de que era objeto y pronto tuvo necesidad de jugar en compañía de otros niños; pero la estupidez humana le cerró las puertas y le negó toda oportunidad de convivencia; padeciendo el rechazo hasta de sus propios hermanos. Se le privó de todo derecho a los más elementales alimentos del espíritu como el amor o la amistad; y hasta se le encerró por largos períodos para ocultarlo de la curiosidad que a cada rato asomaba por las ventanas para contemplar aquella carita pálida de rasgos mongoloides.

Tenía tres años de edad cuando, una mañana de invierno, amaneció con tos. Sus padres mostraron poco interés por su salud y aquel problema respiratorio degeneró en pulmonía. Así fue como una noche, cerró los ojos para nunca más abrirlos al sol de la mañana. Partió de este mundo que jamás lo toleró y se fue sin más equipaje que la nunca realizada ilusión de correr y jugar tomado de una mano amiga.

Con gran celeridad se llevaron a cabo los funerales. Sus padres tuvieron poca o ninguna manifestación de dolor y más bien parecía que en sus miradas se reflejaba un callado "gracias a Dios...", por haberlos liberado de un lastre que con desgano habían arrastrado por tres años.

Tiempo después, al filo de la media noche, su

espíritu empezó a manifestarse. El pequeño se aparecía al pie de un mezquite donde algunas veces se le permitió sentarse bajo sol y se le observaba que movía las manos como jugando en el suelo con algún trebejo. Repetidamente tendía los brazos, como buscando todavía el abrazo y el calor humano que en vida se le negó. Después de algunos minutos de jugar e implorar compañía, se elevaba hacia la fronda del árbol y desaparecía.

La familia, espantada y arrastrando el peso de sus culpas no confesadas; se cambió de casa dejando para siempre su primer hogar. Bajo el mezquite quedó un camastro abandonado, hoy ya casi deshecho y confundido con la tierra, donde los vecinos todavía aseguran ver aquel bebé que murió con las ganas de jugar con una amigo y sediento del amor que hasta su familia le negó. Tal vez algún día, más allá de este mundo, logre encontrar el amor y compañía que la vida le negó y entonces, por fin, encontrará la paz eterna.

NO LLOREN MÁS POR MÍ

Aquella tarde de febrero las campanas de la parroquia de Nuestra Señora de Guadalupe tañeron a deshoras. Su sonido era solemne y triste por que sus voces llamaban a Misa de Difunto. El pueblo humilde, siempre el más solidario, acudió al llamado para acompañar a la familia doliente y dar el último adiós al finado Eleazar que falleció de manera repentina; cubriendo de luto y llanto los hogares de sus seres queridos. Sus inconsolables padres trataban de infundir valor a Genoveva, su llorosa nuera, mientras los hermanos del muerto a duras penas podían contener las lágrimas endureciendo el rostro en un rictus de amargura.

El párroco bendijo el féretro y ofició aquella misa de Cuerpo Presente y centró su mensaje en una búsqueda en las Escrituras del por qué y para qué de la muerte que a todos nos acecha; de la puerta que se abre a lo Incógnito; el regreso a la Luz, al Paraíso, y arengó a los presentes a mantenerse fieles y seguros a la espera del inevitable momento en que hemos de renacer a la vida nueva, la eterna, la verdadera ...

El cortejo partió hacia el cementerio en Estación Rodríguez y el cuerpo de Eleazar cruzó por última vez el puente del río Salado que lo recordó cuando niño por sus orillas, con improvisada caña de pescar. Y las aguas bajo el puente suspiraron también un callado adiós para el inerte peregrino.

Al llegar al camposanto, el dolor estalló incontenible. El llanto desbordó los ojos y corrió como salobre río de lágrimas por las mejillas. A cada puño de tierra, dolor y recuerdos se agolpaban y atropellaban en la mente y el corazón de los presentes. Ya nunca más se le vería en su taller de carpintería rodeado de amigos festejando los triunfos del equipo Tecolotes de Nuevo Laredo. Había sido un hombre trabajador y amigo entrañable con el cual se podía fácilmente compartir una cerveza y las alegrías de ocasión. Hasta el día de su muerte había sido esposo fiel y buen padre; hijo y hermano predilecto; pero ahora, ya nunca volvería a llenar con su risa aquella casa de la calle Álamo, que ahora lucía tan triste con aquel moño negro en el portal.

Después del sepelio, los dolientes volvieron al hogar tan lleno de sus recuerdos pero ahora tan vacío sin su presencia. A cada momento, las remembranzas hacían aflorar el llanto y el dolor volvía para cubrir de sombras hasta el último rincón de la casa. Cada visita terminaba en lágrimas y aunque las semanas pasaban, era el llorar la canción lúgubre de cada día; pues ni esposa, ni padres, ni hermanos, podían aceptar las leyes de la vida y la muerte.

Una noche de mayo, Reynaldo, sobrino del finado, se preparaba para ir por su novia a la Maquiladora. El turno terminaba después de la media noche y era su rutina el ir a acompañarla hasta su casa. Como eran las 11:00 P. M., aún tendría tiempo de visitar a su hermano por la calle Ancha, y llegó a compartir el comentario y el refresco. Al dar por terminada la visita, enfiló hacia el baño antes de partir a la fábrica.

En el trayecto estaba un foco que de pronto, enrareció la luz al cubrir el espacio con un brillo demasiado blanco. Reynaldo se detuvo y antes de reaccionar, se dio cuenta que la luz se concentraba en un solo espacio frente a él y empezó a irradiar resplandores celestes. Quiso correr huyendo de aquel fenómeno, pero algo le heló la sangre: al centro de aquellos resplandores se formó la figura de su tío

Eleazar; con la misma corpulencia que lo caracterizó en vida pero con una mirada y una sonrisa inefable, detallado con toda claridad.

Una voz nítida salió de sus labios y dijo a su conmocionado sobrino:

—Reynaldo, di a Genoveva que no llore más por mí ... Sus lágrimas no me dejan descansar y disfrutar del lugar en que me encuentro...Soy muy feliz ... Acá todo es muy bonito ... El llanto de todos no me deja disfrutar esta paz ... Por favor, di a todos que no lloren más por mí ... Di a todos que no lloren más por mí ...

La aparición de apacible sonrisa, se fue desvaneciendo entre la brillante luz y Reynaldo tuvo que recargarse en la pared para no caer por la extrema debilidad de sus piernas. Permaneció unos instantes en recuperación y empezó a caminar urgido de regresar a casa; confundido y conmovido hasta el alma por tan extraña misión.

Al llegar, se dejó caer en cama para acabar de recuperar fuerzas y unos minutos después, se levantó para ir al hogar de aquella familia que no creería lo sucedido.

Le habló a su tía y, al llamado, acudieron también otros familiares; ya que varios eran vecinos. Trémulo por la emoción, relató lo ocurrido y recitó el mensaje del muerto. La familia escuchó boquiabierta y empezaron a llorar todos, conmocionados por el profundo contenido de aquellas palabras; pero desde aquel día, el dolor fue más discreto en sus manifestaciones y se convirtió en algo más íntimo y callado hasta que desapareció junto con el moño sobre la puerta, para ser sólo un dulce recuerdo.

Para el ser humano, la vida y la muerte son los más inescrutables misterios. No le es dado al hombre el saber de dónde venimos ni a dónde vamos; pero la ignorancia se refugia en la fe y ésta nos ayuda a paliar nuestros dolores con la aceptación resignada de los caminos de Dios. Hoy, la familia de Eleazar aprendió plenamente algo que el pueblo ha manejado siempre como una verdad trascendental: La muerte no es un adiós, sino un ...

Hasta luego ...

ÉCHAME
EN ANCAS

Era el año de 1949 cuando en el pueblo de Lampazos, por los caminos al noreste de la Ermita, en las cercanías a la loma de la Santa Cruz, Luis Pérez Castellón cruzaba los montes muy de madrugada rumbo a los apriscos, ocupado en atender el rebaño o trayendo la leche para los entregos del pueblo. Las cabras eran su única posesión y medio de vida, así que con esmero se aplicaba a su cuidado y todavía obscura la mañana, regresaba con los botes lecheros llenos. Era la rutina en la que le iba la vida y nada podía hacerlo cambiar ni de trabajo ni de caminos. Ni siquiera aquel extraño que lo acompañó muchas veces por tramos de la vereda...

La primera vez que lo encontró era una madrugada. Don Luis regresaba de la ordeña y montado en su burro atravesaba por los secos chaparrales. El animal avanzaba con la cabeza baja, como atento a cada vericueto y piedra del camino; pero, repentinamente, el fiel jumento levantó pescuezo y orejas como premonición del ya próximo contacto. En medio de la vereda estaba una masa informe, más negra que la noche, una sombra en movimiento que, sin pies, se deslizaba por el suelo. Don Luis lo miró atento y en guardia. Puso la mano al mango del cuchillo y se fue acercando al deforme. Algo en su interior le avisaba que aquello era un ser del inframundo; pero venciendo el miedo que le sobrecogía el ánimo, siguió su marcha. Al pasar al lado de la aparición, el espectro se pegó caminando a un lado del burro y dejó escapar una voz hueca, calcárea, pidiendo sin mas explicación:

—¡Párate...! ¡Échame en ancas...! ¡Párate... Échame en ancas...

El jinete clavo talones al costillar y el burro cambió paso por galope. Por un gran trecho la sombra se arrastró al lado del asustado jinete que, como advertencia, blandía al aire su cuchillo mientras escuchaba una y otra vez aquella petición que por momentos tomaba tonos de súplica, hasta que de pronto, el bulto negro desapareció.

Llegó don Luis a casa y, tras darle vueltas al acontecimiento en busca de una explicación a tan estrafalario encuentro, se dio cuenta que muy pronto el sol asomaría y los entregos de leche tenían que hacerse; la vida no podía esperar. Pero la historia no paró ahí pues, a la siguiente madrugada, la tétrica presencia esperaba al lado del camino para confirmarle la veracidad de lo antes vivido, y para repetir la macabra propuesta. Y de allí a varias semanas, la sombra fantasmal siguió molestándolo a diario; pero aunque buscara otras veredas, aquella era la ruta obligada del pueblo hacia los corrales y no había más remedio que aguantar la situación, sin más protección que el cuchillo en alto.

Poco a poco, la frecuencia de los encuentros fue disminuyendo y ya muy eventualmente se topó con el fantasmagórico compañero de camino. Tal vez, a fuerza de no ser escuchado, se fue retirando a su mundo arcano; pero don Luis recordó por muchos años aquel recurrente encuentro y en su memoria resonó por siempre la súplica del noctámbulo macabro.

Esta noche, si transita usted por los caminos al noreste de la loma de la Santa Cruz, tenga mucho cuidado y no se detenga si una deforme sombra lo sigue y le habla para decirle:

—¡Párate...! ¡Échame en ancas...!

UNA CANCIÓN DE CUNA

En la estación Rodríguez, frente a la plaza Canales, existió hace mucho tiempo una zona de Tolerancia cuyos terrenos hoy son ocupados por la escuela Niños Héroes. Aquellos tugurios de vida galante y mala muerte, se establecieron lejos del caserío; pues en aquel tiempo el poblado se encontraba de la actual carretera hacia el oriente; pero, a pesar de estar en las afueras del área urbana, fue un negocio redondo por ser los tiempos del auge económico que el cultivo del algodón trajo a esta región. Mujeres de la vida fácil llegaban de toda la frontera y hasta de Texas, para arrebatar con sus malas artes el dinero que los agricultores enajenados por la abundancia, malgastaban a manos llenas; cerrando cantinas para un solo cliente, encendiendo cigarros con un billete y dando generosas propinas.

Se cuenta que una noche del cotidiano y loco bacanal, la música de pronto calló y un silencio

sólo roto por las expresiones de conmiseración, se impuso. Un pequeñito de apenas unas horas de nacido había sido sacado de la noria que se encontraba al centro del gran patio rodeado de burdeles. Su cuerpo inerte fue puesto sobre una mesa y todo mundo se condolió por breves instantes, conmovidos ante aquel cuerpecito sin vida.

Nadie pudo saber el nombre de algún culpable. La autoridad llegó para recoger el cuerpo y nuevamente la música estalló para dar paso otra vez al enajenado carnaval de dispendios y lujuria. La danza, las carcajadas y el sonar de las monedas bien pronto curó con olvido a los testigos de aquella tragedia.

Años después, el caserío llegó hasta los linderos de la Zona Roja y la autoridad mandó a hetairas y cantineros con sus miserias a otra parte. Los lupanares quedaron vacíos, y la noria al centro del patio suspiró en medio de aquel silencio y paz que nunca antes había conocido.

Los vecinos propusieron al Ayuntamiento que los antros vacíos se ocuparan provisionalmente para una escuela; y aquello, que fue una sucursal del Averno, se llenó de voces de ángeles en uniforme, que reían, que jugaban y cantaban alrededor de la vieja noria que parecía sonreír ante los juegos, las alegres rondas y el corretear de niños que como pajarillos surcaban todo el espacio.

Sin embargo, por las noches, los vecinos decían escuchar una voz muy leve y dulce que parecía venir de todas partes; un murmullo que entonaba muy quedo una tierna canción de cuna. Y sentada en el pretil de aquella noria, muchos contaron ver aparecer una joven madre que envuelta en volátil y blanca vestimenta, sostenía entre sus brazos a su hijo, un frágil pequeñito, mientras lo acariciaba todo entonando ensimismada un suave arrullo.

Los mayores del vecindario recordaban la historia del niño muerto, y les conmovía pensar que aquella madre anónima había tenido un reencuentro con su hijo más allá de la vida.

Los años siguieron su paso y actualmente, quedan todavía de pie algunos restos de lo que fueron las paredes de la Zona Prohibida y en su lugar se ha construido una escuela nueva, de diseño apropiado. La noria de esta historia, como ya no se usaba, fue tapada; y se enterró con ella todos los recuerdos de su negro pasado.

Pero a través de generaciones la leyenda perdura, y si alguna vez al pasar por la escuela Niños Héroes, oyes en el patio una voz lejana entonando una tierna y dulce canción de cuna, reza... reza lleno de piedad por el descanso eterno de aquellas almas que solo en el Más Allá encontraron la paz y el amor que el tiempo de perdición en que les tocó vivir les negó hasta el día de su muerte.

DOS HORAS
DE MIEDO

Doña Eva estaba consciente de vivir en un lugar donde cosas raras sucedían; pero miedo no sentía porque sabía el valor de sus diarias oraciones y estaba segura de que "el Diablo sabe a quién se le aparece..." Así pues, aquella mujer de convicción, escuchaba sonidos de cadenas y otros ruidos por el patio; pero la tenían sin pendiente.

Su esposo acarreaba materiales para la construcción desde Lampazos en un viejo camión, y seguido tenía que salir desde la madrugada para que el día le rindiera con más viajes. Una ocasión, se levantaron a las tres de la mañana para preparar el almuerzo y el lonche que el señor debía llevar al trabajo. Poco antes de las cuatro, ya el camioncito iba saliendo del patio. Doña Eva se quedó en casa con sus dos niños que dormían profundamente y decidió acomodarse con ellos. Era una madrugada fría y procuró cubrirse bien para un último sueño antes del amanecer.

Empezaba a dormitar cuando el frío la hizo despertar. Estaba algo destapada y estiró la cobija para cubrirse bien; pero, antes de intentar dormirse, sintió que el cobertor se deslizaba otra vez como si algo lo estuviera jalando. Algo molesta, se tapó otra vez y afianzó bien la cobija. Otro tirón la hizo voltear hacia los pies y vio que los niños ni siquiera se movían. Una sensación de frío le recorrió la espalda... Empezaba a sentir miedo, pero dio otro tirón y cerró los ojos buscando entre sus rezos una oración apropiada para el momento.

Y así: entre rezos y destapes, la noche fue muriendo... Cuando el amanecer empezó a asomar por el oriente, doña Eva temblaba por el pánico y la cobija en el suelo era el único y silencioso testigo de aquella extraña jornada de terror.

Doña Eva tardó días para decidirse a volver a ocupar la casa; pero más tardó todavía para decidirse a usar la misma cama. Fue curada de susto y todo volvió a la normalidad; pero desde entonces, procuró ya no quedarse sola por las noches y sus oraciones fueron más intensas para alejar de su hogar aquella maléfica presencia que ya jamás volvió a molestar su lecho.

EL FANTASMA JUSTICIERO

Era el año de 1938 y en el rancho El Tasajo, todo era bonanza y paz. El algodón se cosechaba dejando grandes ganancias que hacían temporalmente ricos a sus dueños, y parecía que el futuro estaba asegurado. El dinero de la cosecha era tanto que parecía inagotable, y quien lo dedicaba sólo al gasto familiar, lo veía acumularse a la cosecha siguiente.

A un lado del Tasajo, vivía don Joaquín Mendoza en su pequeña parcela. Era un hombre enamorado de la tierra, dedicado en cuerpo y alma a su trabajo, y seguido experimentaba con otro tipo de sembrados en algunas áreas del rancho. Así que junto a su algodonal, había siempre maíz, frijol, sorgo, verduras, legumbres, sandías y melones. La tierra respondía generosa al trato amoroso y lleno de fe que don Joaquín le prodigaba, y le llenaba la

alacena con cebolla, tomate, chile y demás verduras de su mano cultivadas.

Una vez, los habitantes del Tasajo vieron extrañados que las matas de algodón crecían endebles y con poca hoja. Parecía que la tierra se había agotado, ya que no se veían huellas de plaga alguna. Trajeron especialistas que tras analizar las plantas y la tierra, nada encontraron que explicara aquel fenómeno que perdería la cosecha.

La gente del Tasajo, atribulada al enfrentar la primer desgracia en su productivo rancho, recurrió a los servicios de un curandero. Aquel charlatán se aplicó a la oración rodeado de íconos y colguijes para espantar el mal agüero; y entre oraciones, cánticos y sahumerios, pasó las horas buscando entre los espíritus una respuesta a la interrogante general. Al fin, como todo falso espíritu, encontró no una cura; pero sí un culpable. Señaló al rancho vecino concluyendo que la siembra de maíz había traído plagas desconocidas para la ciencia, que habían arruinado las tierras del Tasajo. Después de lanzar aquella terrible culpa sobre don Joaquín, cobró sus malhabidas treinta monedas y se retiró a seguir su vida de mediocridad y mentira.

La gente del rancho hervía en ira por su ignorancia alimentada en la fe ciega hacia la brujería ramplona de tantos curanderos que habitaron esta tierra. Caminaron decididos hacia la casa de don Joaquín y entre gritos, apedrearon su casa haciéndolo despertar sobresaltado de su plácida siesta vespertina. Lo maltrataron vociferando culpas sin darse tiempo a escuchar las explicaciones que el pobre hombre gemía. Fue golpeado sin piedad, lapidado y, aún vivo, enterrado por los inmisericordes rancheros que trataban de acabar con el mal que amenazaba extenderse por toda la región.

La infamia se había consumado. La familia de don Joaquín Mendoza recuperó el cuerpo torturado y lo llevó al santo entierro en el antiguo panteón municipal de Rodríguez. No hubo castigo para los culpables, y ahí quedó la historia...

Las semanas y los meses marcharon lentamente hacia el lugar incógnito donde los tiempos mueren; y un año pasó dejando rencor y amargura en los Mendoza y nueva bonanza en El Tasajo. Pero, una noche, un regante observó a un hombre todo de blanco, caminando en el viento sobre las siembras del rancho. Corrió a casa de un compañero, quien le contó conmovido que él también había visto aquella aparición. Y tras analizar los rasgos, quedaron de acuerdo: era el fantasma de don Joaquín Mendoza. Pero quedaba una interrogante: ¿Qué quería aquel espíritu? La respuesta la tuvieron al salir el sol: las melgas donde lo avistaron, amanecieron marchitas, como si hubieran sido eclipsadas.

La hermana de uno de ellos vio también aquel espectro de terrible estampa y observó también que el área donde lo vio, amaneció seca. De ahí en adelante, varias melgas del Tasajo siguieron secándose una tras otra, bajo el influjo de aquella fantasmal visita en busca de venganza.

Los especialistas, después de reírse de las creencias de los lugareños, tuvieron que aceptar que no había causa aparente para aquellos daños; y tras declarar su impotencia, vieron perderse cosecha tras cosecha mientras en el rancho de al lado, la justicia floreció en generosas recolecciones como premio a cambio de tanto dolor que la vida les causó.

Hoy todavía, la gente cree que el fantasma de don Joaquín Mendoza amenaza los cultivos. Y don Abel Abasta y don Eugenio y María Guerrero se suman a las generaciones que han asegurado ver por sobre los sembrados, la siniestra presencia del espíritu devastador que amenaza aún las cosechas, en su insaciable sed de venganza.

EL REGRESO

Don Jesús Domingo Martínez yacía en su lecho. Su enfermedad terminal ya no le permitía dejar la cama y pasaba resignado las horas y los días que Dios le permitiera; estoico y sereno en medio de los dolores por aquella larga agonía. Al fin hombre de carácter, el anciano toleraba el suplicio en silencio y se había hecho el difícil propósito de morir con dignidad.

La gran casona de los Ferrara se llenaba de la música de pajarillos y niños compitiendo por acaparar la alegría matinal que llenaba los aires y jugueteaba paseando por jardines y centenarias habitaciones de la antigua mansión habitada por familias de raigambre italiana que vinieron a contribuir a la grandeza histórica y material de Lampazos de Naranjo. Pero entre tanto júbilo inocente ante la vida que continúa y se multiplica entre dolores de parto y muerte, había un niño que compartía el recinto de dolor sentado al lecho del viejo en agonía. El pequeño Adolfo se entretenía con algún juguete entre las manos, sentado siempre al borde de la cama de su abuelo querido, sin alcanzar todavía a entender del todo porqué el otrora bonachón anciano ya no jugaba con él como antes. Sus cuatro años de edad no le daban aún penetración en los secretos del vivir, del envejecer y del siempre doloroso proceso del morir lentamente atestiguando como la vida continúa, a pesar de la partida nuestra.

Una mañana, el risueño enfermo acarició la rubia cabellera del nieto predilecto y le hizo una promesa que el pequeño recibió con una sonrisa y encogimiento de hombros, ignorando lo trascendental del juramento:

—Adolfito... Ya me voy, hijo... Pero algún día... un día... te voy a venir a ver...

Lamar Ferrara frunció el ceño reprobando tan macabro pacto y bajó al niño de la cama para enviarlo a los patios y encarar al abuelo:

—Papá, por favor... ¿Porqué le dices al niño esas cosas...?

El amoroso abuelo sonrió arcano y con la mirada llena ya de eternidad. Su nuera, aunque diligente y cariñosa con él, tal vez no sabía aún que el amor es lo único que trasciende a la muerte.

Murió don Jesús Domingo y la mansión Ferrara se cubrió de crespones negros. El llanto campeó por los patios y cuartos de antiguo señorío y en medio de tanto dolor, había un niño, preguntando a todos por su abuelo...

Los años pasaron y el dolor fue escondido bajo el polvo del tiempo que cubre de piadoso olvido los hechos que fueron heridas, y convierte en cicatrices las lesiones profundas del alma. Ahora Adolfo era un niño de nueve años de edad y ayudaba a su madre, preocupada por el avispero que se había adueñado de los altos de la escalera y ocupada en el aseo de los aposentos del segundo piso. De pronto, el pequeño ayudante dijo a su madre:

—Orita vengo, mamá... Voy a hacer pipí...–, bajó corriendo las escaleras rumbo a los baños mientras Lamar, ensimismada en el quehacer, se olvidó por un momento de todo. De pronto, un alarido de terror la despertó de su marasmo. Adolfo gritaba y esto la hizo bajar casi volando por los escalones, pensando que tal vez era atacado por las avispas. Sin embargo, pasó la escalera y vio que el enjambre estaba en paz. Continuó corriendo y llegó al sanitario. Ahí estaba Adolfo, parado afuera y dando de gritos ante la puerta del servicio.

—¿Qué te pasa, hijo...?—, preguntó la madre alarmada. Pero la inesperada respuesta, la dejó helada:

—"¡Ahí estaba mi abuelito...! ¡Estaba esperándome dentro del baño...! Al abrir la puerta lo vi, me sonrió y me iba a decir algo porque abrió la boca, pero cuando grité ya no dijo nada y se fue deshaciendo en el aire... ¡Era mi abuelito...! ¡Era mi abuelito...!

Lamar consoló y dio fortaleza al asustado niño que describió al aparecido de sonrisa amable y vestido con un largo y blanco hábito de anchas mangas. El sacerdote de la parroquia de San Juan Bautista fue consultado y ayudó con sabios consejos y apaciguante palabra a la familia; asegurando que aquella presencia, rechazada por el miedo, ya no volvería a aparecer y la vida continuaría en paz sin más contactos entre el mundo de la vida y el incógnito mundo de los muertos.

La historia, sin embargo, encierra una moraleja: El amor es lo único que sobrevive a la muerte, así que cuide usted de no hacer promesas cuando el agónico sol de su vida esté dando los últimos destellos. No vaya a darse con usted también, un indeseable...

Regreso...

EL LLANTO
DE UN FANTASMA

El amplio patio se adornaba al centro con aquel viejo, pero frondoso palo blanco donde los pájaros se posaban para llenar el ambiente con su canto. Durante el verano, era el lugar ideal para la silla del abuelo que ocupaba media mañana en leer el periódico; o para el baño y el tallador de la señora de la casa, afanada siempre en llenar el tendedero de ropa recién lavada secándose al sol brillante de Anáhuac.

Por las noches todo era diferente. Ningún pájaro dormía en el árbol y jamás un nido se vio entre sus ramas. Aquel palo blanco era visto con desconfianza por los vecinos que contaban de cosas raras que sucedían en torno a él.

Doña Martina y su esposo José, llegaron con el abuelo y los niños a ocupar aquella casa después de dejar el rancho. Nada sabían de aquellas historias y nada creían por jamás haber observado algo. Ahora los niños estaban en la escuela y podían seguir atendiendo la parcela, que estaba a media hora del pueblo. Todo estaba a la medida y lo demás, era lo de menos ...

A los cuantos meses de vivir ahí, un anochecer, la señora salió al momento en que la luz agónica de la tarde se confundía ya con la naciente oscuridad. Era el momento en que las luces del caserío se empezaban a prender, pero salió a la penumbra a recoger la ropa que ya seca, colgaba de los alambres.

Una desconocida estaba en el patio ...

Doña Martina la observó primero con extrañeza, con desconfianza después; mas no acertó a decir palabra alguna y sólo la miró. Era toda de blanco; desde el vestido hasta el cabello. Habría concluido que era una anciana; pero también sus carnes eran blancas y, al buscar su mirada, no halló rostro. El miedo se convirtió en verdadero espanto al verla avanzar hacia el árbol sin mover los pies y sin tocar el suelo. La observó dar unas vueltas en torno al palo blanco y se elevó hacia la copa desapareciendo en su fronda.

Tras el indescriptible susto, la pobre mujer recibió la visita de las vecinas quienes le propusieron un jornada de oración; tal vez con el Santo Rosario se podría desterrar aquella mala presencia. Sahumerios de copal y azúcar, piedra alumbre, místicas barridas y oraciones espirituales; de todo se echó mano para evitar que el Mal se alojara en aquella casa.

A las tres noches, aquella espantosa mujer volvió a deslizarse silenciosa y siniestra por el patio con rumbo al árbol.

Unos cuantos días transcurrieron y una noche, don José salió para cerrar el cancel de enfrente. El día había terminado y el cierre de puertas era la rutina de fin de jornada. Repentinamente, un agudo escalofrío le erizó toda la piel y al levantar la vista, sintió que los cabellos se le levantaban de terror. Sobre su cabeza, pasó en lento vuelo la fantasmal mujer hacia el palo blanco. Se desplazó vaporosa e indiferente y tomó posesión de una rama para sentarse a presidir solemne, los minutos de espanto y silencio que le rodeaban. Luego, como el humo a un golpe de aire, se diluyeron sus formas entre el ramaje y la nada.

Después de tantas noches de oración y miedo, don José decidió derribar el árbol para ver si así se erradicaba definitivamente aquella indeseable visita; así que una mañana, se armó de hacha y serrucho para en unas cuantas horas, reducir el palo blanco a un montón de leña. Sobre la tierra no quedaron ni restos del tronco; aquel espectro se tendría que mudar a otra parte.

La noche cubrió de sombras el patio ahora desierto y la familia permaneció atenta, esperanzada en por fin recobrar la paz que por tantos días huyó de casa junto con el sueño y la tranquilidad. Hasta las once esperaron y sólo creyeron escuchar leves sonidos flotando en el silencio, como indescriptibles resonancias que tal vez eran ecos lejanos en el oído predispuesto por el miedo. Así pues, se acomodaron en sus camas y durmieron en paz después de tantos días de zozobra.

Algunas noches después, aquellos sonidos leves trasmutaron a suaves quejidos que poco a poco se fueron convirtiendo en lejanos y apagados sollozos. El patio se fue llenando de dolientes e ininteligibles quejas que entre intermitentes llantos parecían preguntar en busca de un ser querido. El miedo volvió a llenar de intranquilidad aquel hogar al que ya no parecía valerle plegaria alguna.

De ahí en adelante, todas las noches fue lo mismo. La fantasmagórica mujer ya no se hacía ver, pero su llanto se desplazaba en tránsito constante del cúmulo de leña, al sitio donde el árbol se ubicaba; del centro del patio, hacia cada cuarto y rincón de la casa. La mujer parecía cuestionar al viento por su lugar en el mundo, por su morada que humanos incomprensivos le habían arrebatado, por su hogar ahora irremediablemente perdido ...

La familia no soportó más los lánguidos reclamos y levantando niños y enseres, huyeron a su antigua casa del rancho; quizás allá por fin podrían descansar del asedio de aquella arcana mujer.

Han pasado muchos años. Un nuevo palo blanco nació de la vieja cepa. Tierno y esbelto se mece al viento en medio de aquel patio que se volvió a llenar de niños y pájaros en movimiento. Los nuevos inquilinos repararon techo, puertas y ventanas sin hacer mucho caso de las historias que la gente cuenta. Pero algunas veces, los vecinos dicen ver por la noche a una mujer sentada al pie del joven árbol. Se acomoda junto al tronco y parece que en su indefinido rostro se dibujara un gesto de satisfacción por haber recuperado su espacio místico que la incomprensión humana alguna vez le arrebató. Pero cuentan que desde que el arbolillo era apenas un brote en la tierra, dejó de escucharse por el viento aquel llorar entre sombras, que llenó de miedo a los vecinos del lugar.

EL ÁNGEL
DE LOS CAMINOS

Al llegar la temporada de lluvias, los agricultores de Anáhuac, N. L., aseguran ver por los caminos que llevan al ejido Rodríguez, un niño de escasos siete años que ataviado de huaraches y túnica azul celeste, les habla para ofrecerles ayuda.

Cuentan que hace muchos, muchos años, vivió por aquel poblado una mujer de mal corazón que vivía sola con su hijo; al cual maltrataba sin piedad alguna. Una ocasión, tras golpearlo, lo corrió de la casa sin considerar que afuera hacía frío y una pertinaz y helada llovizna hacía más penosa la marcha por los caminos. El niño, resignado y mal abrigado, tomó por la vereda que lo conduciría al poblado; pero el frío venció su voluntad y con manos y pies entumecidos, buscó refugio entre un mezquital. Se acomodó hecho nudo y quedó dormido en un largo sueño del que ya nunca despertó. Y quedó ahí, para

siempre quieto, para siempre soñando con un mundo mejor; un lugar lleno de amor, abundancia y calor que en vida nunca conoció. Por la mañana, un pastor lo descubrió entre los breñales; muerto por el inclemente frío.

El caso del niño muerto en el desamparo, hizo que la gente del lugar se uniera para cubrir los gastos de una cristiana sepultura; ya que su madre desapareció de la casa. Tras realizada la buena acción, pronto fueron olvidando al niño aquél y la vida siguió su curso.

Al invierno siguiente, los campesinos empezaron a comentar sobre un niño de extraña presencia que, por caminos reales y veredas, detenía a los viandantes para ayudarlos con lo que llevaran cargado. Otras veces, se ofrecía para ayudar a los regadores o a los pastores que encontraba por parcelas y montes. Aunque vestía raro, su voz era suave y su sonrisa era constante. Siempre lo veían de día y, por lo mismo, nunca provocó desconfianza o miedo a quien lo miraba.

Un campesino tuvo la experiencia de tratar más con aquel pequeño, una tarde de frío en que los caminos estaban destrozados por la lluvia. En el rancho donde trabajaba, le habían prestado un exprés para ir a Estación Rodríguez a surtir su despensa. Al regreso, quedó atascado en una trampa de lodo y por más que se afanó y fustigó a la mula, no pudo sacarlo de aquel lodazal.

Después de mil intentos, se sentó lleno de preocupación al pensar que la lluvia llegaría otra vez y echaría a perder sus provisiones. Recargado en un mezquite sólo observaba el pozo y la mula agotada. En ese momento, oyó una voz infantil a sus espaldas:

—Yo puedo ayudarte a sacar la carreta; sólo dame las riendas...

Al volver la vista, vio al niño de rara vestimenta que le sonreía. Lleno de mal humor por el cansancio, quiso correrlo; pero el niño, como percibiendo sus pensamientos, le insistió:

—Sí puedo... Sólo dame las riendas.

El hombre, extrañado, le señaló hacia el exprés concediéndole permiso. El niño, sin decir nada y sin castigar a la mula, hizo que el carretón saliera con facilidad y lo condujo más adelante, hasta un lugar seguro.

El campesino siguió atónito al exprés y llegó hasta el pequeño que, sin decir nada y con una sonrisa le entregó las riendas. Con una señal, el pequeño lo invitó a subir al asiento y confundido, subió como obedeciendo una orden. El niño bajó de un salto y antes de tocar el suelo, se convirtió en una luz que lentamente se fue desvaneciendo. El campesino, asustado, bajó del carro; se arrodilló y rezó ante la luminosidad hasta que desapareció, dejando un agradable olor en medio del camino.

Fue así como, por mucho tiempo, al pasar por el lugar, los campesinos se santiguaban y dejaban flores en el punto donde estos hechos acontecieron y la gente dice que aquel niño desamparado, es hoy un ángel que busca por los caminos a toda aquella gente que se compadeció de su cuerpo y lo llevó a descansar a la tierra santa del panteón municipal. El es: el Ángel de los Caminos...

EL HOMBRE
SIN CABEZA

Teodoro Marines tenía 25 años de edad y Ciudad Anáhuac apenas cumplía un año de existencia. Él y su hermano menor, Francisco, eran chofer y cobrador de un modesto camión de pasajeros que daba servicio a la población haciendo un recorrido de Rodríguez y Anáhuac a Camarón, que era por entonces el más próspero poblado.

El camión era conocido como La Julia, y una noche de diciembre de 1934, esperaban la salida de los asistentes al cine para llevar los últimos pasajeros; pero aquella ocasión no hubo cliente alguno y se dispusieron a partir con la unidad vacía.

—Acomódate en el primer asiento y vas fijándote si alguien me hace la parada—, dijo Teodoro a su vivaracho hermano, que contaba entonces con unos 14 años de edad.

Pasados los primeros kilómetros, el chofer observó a su cobrador dormido; esto le pareció raro dado lo activo que era el muchacho. Llegó al taller donde entregaba el camión y despertó a su hermano, que atontado y sin decir palabra lo acompañó a un restaurante donde solían tomar café al fin de cada jornada. De pronto, al cruzar la puerta del negocio, el joven se derrumbó en un repentino desmayo.

El dueño del local se acercó presuroso para ayudar al muchacho inconsciente y, tras unas frotaciones con alcohol, lo vieron volver en sí. Al preguntarle la causa de su desvanecimiento la respuesta los dejó asombrados:

—Iba viendo por las ventanillas por si alguien nos hacía señas cuando, al pasar por las cuevas, vi a un hombre sin cabeza que salió de entre el monte, al otro lado de los rieles, y se vino corriendo pegado al camión durante un buen trecho; haciendo señas con los brazos en alto, como pidiendo que lo lleváramos. No pude gritar... Sentí que me ahogaba de miedo y fue tanto el susto que quedé desmayado en el asiento... Cuando me despertaste, no venía dormido...

Quedaron los tres en silencio haciendo más lóbrego el vacío de aquel solitario restaurante. Teodoro Marines no hallaba palabras para dar fortaleza al asustado y pálido muchacho; sólo lo ayudó a incorporarse y lo sentó ante una mesa.

—El hombre sin cabeza otra vez...—, dijo el viejo del restaurante. Él ya sabía de la historia de un hombre que fue decapitado por el tren en la vía a Laredo, cerca de las cuevas; pues seguido llegaban a su negocio, en horas de la madrugada, rudos camioneros pidiendo café y contando temblorosos haber sufrido la aparición de un descabezado que, a los lados de la carretera, se materializaba para seguir a plena carrera, casi en vuelo, a los transportes que pasaban por el lugar donde perdió la vida. Nadie podía decir que le hubiera hecho daño; pero su avistamiento infundía un profundo terror en todos los que tenían la desafortunada ocasión de mirarlo.

Los años se fueron como el viento y las figuras de este relato también desaparecieron de las calles de Anáhuac; incluso la estación Camarón hoy se reduce a unas cuantas casas y descansa bajo el sol como un viejo recordando su pasado de gloria. Mas con el tiempo, la leyenda permanece y revive en cada generación que la cuenta y la recrea. Hoy todavía, los que conocen esta historia, se santiguan al pasar de noche por aquel paraje donde oculto en el misterio un hombre sin cabeza espera aún que algún compadecido chofer lo lleve a su final destino.

EL FANTASMA
DE ESTACIÓN MESA

La estación Mesa se pobló con trabajadores del ferrocarril hace ya mucho tiempo. Las primeras casas, que se alzaban a ambos lados de la vía, fueron incendiadas y demolidas en tiempos de la Revolución y en su lugar, se levantaron al lado oriente pequeños cuartos que luego fueron también abandonados; padecieron la rapiña de gente sin escrúpulos y hoy lucen destruidos en sus techos y paredes dando un toque de tristeza al paisaje semiárido que rodea al conjunto.

El paso estruendoso de las máquinas de vapor sobre las paralelas y el paso de guayines en trajín de pasaje y contrabando por el antiguo camino real aledaño, son ahora sólo recuerdos; una estampa del lejano pasado cuando las fieras y el indio de ojo vigilante dominaban la región. Pero, algunas veces, se ve a un hombre solitario haciendo señales a las modernas máquinas diesel que pasan con

desdén ante aquella figura taciturna; que parece no entender los tiempos nuevos y quedó estática, como sombra del pasado, esperando año tras año el paso de los trenes nocturnos.

En la estación Rodríguez, la gente se sienta junto a las paredes de adobe a observar los cambios de vía y la maniobra de trenes, acomodándose para ceder el paso; ya que es el único espectáculo que han disfrutado en su vida y dicen los mayores que, cuando eran niños, sus padres les contaron que en la estación Mesa, un garrotero dio la señal de marcha al maquinista del tren en que trabajaba. El largo gusano de acero cubrió de ruido y vapor las vías y empezó su lento avance; pero nadie se dio cuenta que aquel humilde trabajador había caído, y fue destrozado entre las ruedas del pesado monstruo de metal.

Los rieleros acampados con sus familias en Mesa, levantaron su cuerpo seccionado y llenos de tristeza por su compañero muerto, lo cubrieron con una sábana y colocaron junto al cadáver aquella lámpara que ya jamás se encendería.

Un año después de aquella tragedia, los trenes seguían su paso indiferentes. El olvido había cubierto de polvo la memoria de aquel desgraciado que ya pocos recordaban. Pero, una noche, el maquinista detuvo el tren y bajó a pedir instrucciones al jefe de la estación. Nadie tenía alguna comunicación para él. Preguntó porqué entonces un garrotero le había hecho señales con su lámpara, y la extrañeza cundió entre los presentes. Nadie había hecho señales al maquinista para que detuviera el tren.

Algunas noches después el misterio fue revelado; pues unos trabajadores de vía que regresaban en su armón por la media noche, vieron un trabajador que lámpara en mano les hacía señales para que se detuvieran. Al acercarse aminorando la marcha, una sensación de frío los abrazó y los llenó de espanto. Aquel ferrocarrilero era todo blanco y sólo la llama opaca de la lámpara parecía tener vida. El espíritu aquel no parecía advertir su presencia y seguía haciendo movimientos con la linterna como dirigiendo señales a un tren arcano que nunca pasaría.

Hoy, la vieja estación suspira por las memorias acumuladas en más de ciento veinte años de historia. Se llenó de gente en movimiento durante el porfiriato y la revolución; y el comercio y el pasaje se fueron por sus rieles, sin dejarle más que la melancolía por un pasado hoy en ruinas. Sólo el garrotero fantasma es ahora su compañero fiel y comparte con él el olvido humano, abrazados entre recuerdos bajo las noches estrelladas; recuerdos que se avivan al ruidoso paso de cada convoy.

Cuando pases por la estación Mesa, si es de noche, no detengas tu marcha al ver un garrotero haciendo señas hacia la nada con su lámpara mortecina. Es sólo una triste alma perdida en el tiempo y el espacio; que quedó estática, esperando tal vez un extraño tren que algún día la llevará de viaje a su anhelado descanso eterno.

LOS SERES
DE LA NOCHE

Sobre su caballo, cruzaba a paso reposado por los montes secos del rancho El Salitral. Bajo la luna, la suave brisa del verano siseaba entre el chaparral en aquella noche llena de estrellas que parecían hacer valla, reverentes, a los lados del Camino de san Andrés; nebulosa y blanca vía que invitaba a cabalgar por las estrellas. Nada podía interrumpir la tranquilidad de la noche. Sólo a veces, algún sonido le recordaba que no estaba solo en aquel campo, pues el aullido de algún coyote en romance con la luna, o el chillido de la lechuza y el paurake lo seguían a lo largo del camino. Él sabía muy bien que eran sólo inofensivos animales, seres de la noche que como sombras fugaces se agregaban al paisaje nocturno.

De pronto, descubrió al centro del camino una figura blanca y, con cautela, se acercó. Todo recelo se desvaneció al ver que se trataba de un pequeño

como de cinco años, cubierto con una especie de bata blanca, y que lloraba desconsolado; tal vez, perdido en medio de aquel paisaje estepario. Le preguntó a dónde iba y el niño solamente señaló adelante del camino sin dejar de sollozar; así que lo subió al frente de la silla y lo abrazó tratando de consolarlo. Puso el caballo al trote para ver si más adelante encontraba algún pariente de la criatura; quizás se les había caído de algún guayín. Sería tal vez de un rancho vecino y tendría que darle amparo en su jacal hasta el día siguiente en que pudiera salir a indagar por sus familiares. Pensaba en varias posibles soluciones mientras el niño, había dejado de llorar...

La calma volvió al camino y ya el hombre pudo preguntarle de nuevo por su familia. El niño volvió a llorar mientras el caballo entró en repentino estado de nerviosismo. El ranchero sacudió de los hombros al niño para intentar darle ánimos y en ese momento descubrió como los dientes se le habían convertido en largas y filosas puntas que sobresalían por entre los labios. Instintivamente, trató de derribarlo; pero era ahora una criatura muy fuerte y el ranchero fue quien cayó del caballo cuando encabritado empezó a reparar y se lanzó a monte traviesa entre saltos y relinchos desesperados. Aquel pequeño, pero horroroso ser, estuvo a punto de caer; pero se sostuvo en ancas mientras el animal se perdía a galope tendido por el monte.

El hombre se levantó del camino y a paso rápido, sin reponerse aún del susto, tomó por veredas acortando la distancia para llegar a su rancho. Llegó jadeante, cansado, y encontró allí al caballo; todavía nervioso, con el lomo y ancas surcadas de múltiples y profundos arañazos.

Hombre y caballo descansaron aquella noche que de bucólica y bella, se había trocado en pesadilla. La bestia se apacentaba, olvidada ya en la benevolencia de su ser irracional, mientras el ranchero daba vueltas en su lecho, atormentado aún por tanta confusión y duda a las que quizás jamás encontraría una respuesta.

Tal vez, por los montes de Anáhuac, no son tan inofensivas y simples todas las criaturas habitantes de la noche...

EL VISITANTE

Era una noche de verano en que el calor sofocaba a los habitantes de la estación Rodríguez; y Luis, el hijo de doña Marcela, permanecía despierto tratando de mitigar el bochorno con un vaso de agua fresca. El amigo con el que compartía su cuarto, dormía a pierna suelta, y solo él se mantenía en vela; atormentado por el intenso calor, el sudor y los zancudos que no le dejaban a salvo ni un centímetro de piel.

Miró por la ventana y todo movimiento parecía suspendido. La falta de viento mantenía quietas las ramas de los huizaches mientras los colosales cubrevientos recortaban su negra corpulencia sobre el caserío de adobe; dando un toque lóbrego a aquella noche sin luna. En fin, hizo un gesto de resignación y abandonó su cuerpo a la inclemencia imperante, se tendió en la cama, cerró los ojos, y esperó con estoicismo a que el sueño por fin llegara a rescatarlo.

Un sonido extraño lo hizo abrir otra vez los párpados. Era una mezcla de bramido y grito que lo hizo pensar en algún toro suelto. De un salto asomó por la ventana, y quedó sin habla... Quiso gritar, pero la voz no acudió a su garganta... Lo que descubrió era tan inesperado como aterrador y, atontado, se acomodó en su lecho. Permaneció tembloroso y confundido; tratando de convencerse a sí mismo de que todo había sido una visión, algo imaginado... No... Nada era verdad... Se acurrucó y cerró los ojos en un intento desesperado por escapar de la realidad; pero el grito se escuchó nuevamente en el patio de su casa y ya no pudo buscar refugio en la negación y el autoengaño.

Despertó a su amigo y le contó lleno de pavor lo que había visto. Su compañero, incrédulo y aún agitado por el repentino despertar, lo acompañó con paso adormilado hacia el patio y... ahí estaba: Era un ser grotesco, corpulento, de apariencia humana y cubierto de abundante e irsuto pelo. Los rasgos se indefinían en las sombras y sólo advirtieron que el arrítmico andar se lo daba el hecho de que se sostenía sobre dos patas desiguales, ya que una terminaba en un hendido casco caprino y la otra en una pata de gallo.

Regresaron a su cuarto atropelladamente, ahogados de espanto. El amigo de Luis, se derrumbó al suelo en súbito desmayo. El muchacho corrió al cuarto de su madre, quien abrió los ojos ante su empavorecido hijo. Inmediatamente, halló las palabras para apaciguar su miedo, y lo acompañó a su habitación para reanimar al inerte amigo con frotaciones de alcohol y suaves palmadas en la mejilla. Los calmaba con maternal y persuasiva palabra, hasta hacerlos pensar que todo habría sido producto de sus fantasías. La tranquilidad parecía volver al semblante de los muchachos cuando un grito de mujer se escuchó en la casa vecina; y, tras el grito, el bramido aquél que volvió a llenar de terror a los jóvenes. Doña Marcela, sin pensarlo mucho, tomó un machete y salió al patio seguida de los muchachos que se armaron de sendos garrotes.

Una joven vecina había sido sorprendida en su habitación por el hórrido visitante y se refugió bajo la cama llamando entre llanto y gritos a su familia. En la puerta del cuarto se encontraron con el hermano de la joven, que atónito y cuchillo en mano, no sabía qué hacer ante la espantable criatura. Pero los cuatro se dieron valor y entraron al cuarto para juntos amedrentar a la bestia que, al verse amenazada, se desvaneció en humo para reaparecer entre alaridos en la esquina de la misma casa.

Ya no importaba lo que pudiera ser el monstruo aquél. Había que enfrentarlo y salieron tras él. Lo vieron entrar a la casa de doña Marcela y lo persiguieron por todos los cuartos mientras lanzaba bramidos intimidantes. Cuando aquel ser entró en la cocina, topó de frente ante un crucifijo y quedó parado, con la vista fija en el Bendito; emitiendo alaridos de tortura. Y entre humo e intensos olores a azufre, poco a poco se fue desvaneciendo hacia el arcano mundo al que pertenecía.

Los persecutores se acercaron despacio y desconfiados; entre rezos protectores y con las armas bien afianzadas, pero sólo encontraron, humeante aún, una huella en el piso en forma de pata de gallo.

Por la mañana, la noticia corrió por todas las calles de la centenaria estación. Todos querían ver la huella en el piso; que por más que fue lavada, con nada pudieron borrar. Se hicieron mil conjeturas, se tejieron mil historias; pero al final, todo mundo tuvo que aceptar lo insólito del acontecimiento y se concluyó que aquel hecho no había sido más que la estancia pasajera de algún demonio que, al no poder soportar la visión del Crucificado, escapó al mundo de donde venía; sin dejar más constancia de su paso que aquella huella, que hasta hoy se conserva indeleble, eterna, como testimonio fiel de la fugaz presencia de aquel indeseable y espantoso...

Visitante...

CAZAR UN FANTASMA

El señor Álvarez compró un solar allá por la salida oriente de Estación Rodríguez; muy a la orilla, cerca ya del rancho de los Luna. Levantó una pequeña casa de adobe e hizo del patio un gran corral que ocupó con algunas cabras; pero donde más se aplicó con especial esmero, fue en el gallinero que con muy buenos materiales armó al fondo del terreno. Tenía muchas gallinas "golonas", muy ponedoras, y la diaria colecta de huevo le daba lo suficiente para abastecer la casa y hasta para vender de vez en cuando.

El tiempo pasó y ya en 1980, era su vida bastante apacible en esa casa. Su esposa y cuatro hijos, vivían contentos y aunque no tenían electricidad, "pa' poco necesitaban un foco" pues, como buena gente de campo, con cuatro quinqués se daban la luz necesaria y muy temprano estaban ya en la cama.

Una mañana, descubrió al levantarse que la puerta del gallinero estaba abierta y todas las aves se habían salido. Las llamó al corral sonándoles una batea de maíz y tras encerrarlas, buscó algún agujero que delatara la incursión de algún coyote o algún tejón, pero no encontró ni siquiera la huella de un zorrillo. Todo lo que había pasado era que la noche anterior se había cerrado mal la puerta. No volvería a suceder...

Siguió el paso de los días con su rutina de trabajo hasta que otra vez, al levantarse, encontró las gallinas fuera. La puerta se había abierto de nuevo. Y todo se habría olvidado si no fuera por que a la mañana siguiente, otra vez tuvo que juntar los animales. El mal humor lo hizo pensar que definitivamente aquello ya no era coincidencia y esa noche, iba a vigilar para descubrir al que estaba abriendo el gallinero.

La noche llegó engalanada con su manto de estrellas y la luna asomó por el oriente iluminando con su blanca luz los trigales tiernos de febrero. En la chimenea de la casa del señor Álvarez, estaba una tetera de peltre entre brasas para proveerlo de un café bien cargado que lo ayudara a mantenerse despierto. Tenía su rifle preparado junto a la ventana al patio y una carga más "por aquello de las dudas..."

Vigiló con la vista y el oído atentos a cualquier sonido y fue hasta después de la media noche que escuchó un leve alboroto en el gallinero.

Con calma puso el rifle al hombro y el dedo en el gatillo. El animal que fuera, sería abatido. Tal vez era un ladrón. En ese caso, solo dispararía al aire para darle tal susto que no se volvería a parar por su casa. Al ver que algo se deslizaba por el patio, puso el ojo en la mira. Tensó el dedo; pero no llegó a disparar... Levantó la mirada del cañón; bajó el fusil y quedó con los ojos fijos y desmesuradamente abiertos... ¡No podía creer lo que estaba viendo..! Una mujer delgada, alta, vestida con una túnica blanca, se deslizaba por el corral sin tocar sus pies el suelo. Sobre su tez tan blanca como el azúcar, destacaba una abundante cabellera negra y eran sus ojos un par de brasas incandescentes.

El hombre quedó petrificado ante la ventana, mirando cómo aquel espectro se paró al centro del patio mientras la puerta del gallinero se abría sola. Permaneció la blanca entelequia de pie, inmóvil durante largo rato, hasta que una luminiscencia que parecía nacer de su interior, la cubrió de luz y se fue reduciendo paulatinamente hasta convertirse en un punto brillante que se perdió en la nada.

El señor Álvarez quedó ahí... Con el rifle que nunca se atrevió a disparar, colgando entre sus manos... Aquello no era humano y toda una descarga habría sido inútil. Se retiró a la cama y esperó lleno de miedo a que la noche acabara...

Al otro día, casa y corral quedaron solos para siempre.

EL DIABLO
EN PERSONA

Era la calle Guerrero una típica arteria de la estación Rodríguez. Su suelo levantaba insufribles tolvaneras en la temporada de sequías; agregando el polvo que todo lo invade, a los calores de más de cuarenta grados centígrados que flagelan la región. Si a todo esto sumamos la falta de parques y centros de sano esparcimiento que Rodríguez padeció allá por 1968, tendremos como resultado, una juventud malhumorada por no encontrar cauces a su vitalidad, a sus inquietudes tan propias de los años mozos.

Así pues, era Carlitos Flores un típico niño incomprendido en su mal genio; que quizás tenía una explicación por el medio en que le había tocado vivir pero, a sus diez años de edad, se había convertido en un pequeño agresivo y procaz con sus mayores. Sus padres batallaban a diario con el mal carácter de su hijo, que ya no obedecía ni con

golpes y se burlaba cuando le decían que por el camino equivocado no podría llegar a nada bueno.

Mal hablado o pendenciero: ingobernable o flojo; cualquier calificativo quedaba pequeño ante aquel niño sobre el que menudeaban toda clase de quejas del vecindario y de la escuela. Sin respeto a nadie, contestaba con un dengue cada vez que su madre le advertía que algún día "el Diablo en persona" se le aparecería para arrastrarlo a los infiernos.

Su padre era jornalero y toda clase de trabajos aceptaba con tal de que nunca faltara algo en su mesa. En un pequeño y desvencijado carretón, vendía leña que recolectaba por los montes y algunas veces llevaba a Carlitos para que le ayudara. Aquella mañana, el niño lo acompañaba a regañadientes y con el cinto pintado en las corvas. Era como todos los días, había que batallar mucho con él antes de hacerlo que ayudara en algo para bien de la casa.

Al pasar por un lado del panteón, el niño cayó repentinamente del carro y su padre, sorprendido, lo vio revolcarse en el suelo entre gritos y señales de luchar desesperadamente contra algo. Bajó de un salto y sin saber qué hacer, observaba confundido a su hijo que rodaba y pateaba al aire; suplicando horrorizado que le ayudara, que "se lo quitara" por favor... El hombre se arrodilló para calmar al convulso niño pensando que se le habría metido entre las ropas algún avispón; pero con gran alarma descubrió que le aparecían arañazos en rostro, cuello y brazos. El niño se debatía sangrante y su padre sólo acertó a tenderse sobre la criatura y lo abrazó con desesperación, tratando de protegerlo con su cuerpo de... no sabía qué cosa.

Al momento de cubrirlo, las convulsiones cesaron; el niño dejó de gritar y empezó a llorar aterrorizado, abrazando a su padre por primera vez en muchos años. El buen hombre lo levantó en brazos. Amoroso y conmovido lo subió al carretón y regresaron a casa mientras el paraje se cubría de una pestilencia extraña.

Su madre lo recibió apesadumbrada y llorosa. Bajo la ropa intacta, también tenía aquellos raros rasguños; y entre curas de agua caliente y sulfatiazol, el niño comentaba aún lleno de miedo que, por el aire, salido de la nada, llegó un diablo que lo derribó del carretón y lo revolcó entre golpes y rasguños.

—Era muy fuerte... Yo nada podía contra él. Sólo desapareció cuando mi papá me abrazó...

Hoy, Carlos Flores es un hombre de provecho, hogareño y trabajador. Reconoce lo insólito de los hechos; pero, por increíble que parezca, asegura ser cierta esta historia. Actualmente, vive en San Antonio, Texas, con sus padres y de vez en cuando visita su terruño, donde ha seguido pasando de boca en boca el relato de aquel niño malcriado que tuvo como premio una inolvidable visita...

El Diablo en persona.

EL JINETE FANTASMA

Un jinete ataviado en negro y sobre un caballo más negro que la noche, ha sido visto por los campos de Anáhuac. Lo han observado confundido entre las sombras, cabalgando silencioso, imponente y misterioso. Dejando a su paso el espanto o el asombro de quienes han tenido el infortunio de mirarlo.

No existe un relato que nos lleve a su origen o que nos explique el porqué de sus momentáneas incursiones en nuestro mundo; pero anda por ahí, a veces agresivo y "echando el caballo encima"; otras veces, como un ser silencioso y melancólico, pero de presencia siempre terrible por ser un emisario del Más Allá.

Se ha visto también sólo su caballo. Otras veces se le ha observado con familia: una enlutada mujer que lleva un niño desnudo y apretado contra su pecho. Mas su intimidante visión ha hecho pensar a la gente que se trata una ánima en pena, o de un demonio que sólo busca aterrorizar las almas.

CABALLO NEGRO

El silbato del tren alborotaba las palomas silvestres, barritando como enfurecido paquidermo de metal. Los rieles crujían y cedían bajo el peso del convoy de hierro que entre tanta mercancía, transportaba también los granos, semillas y pacas de algodón que daban vida a los llanos de Anáhuac. La familia Flores regresaba de Nuevo Laredo aquel 2 de noviembre. A pesar de que era una tarde de otoño, el calor era intenso y, amodorrados, tenían que hacer esfuerzos para no dormir ante la proximidad de su destino.

Entre las secciones de Jarita y Huizachito, Natividad Flores vio un caballo negro que salió por entre los matorrales y se puso a galopar paralelo al tren. A ratos, el animal se acercaba peligrosamente y lo pudo observar en toda su belleza. Era grande, veloz, tan negro que bajo la luz del sol la piel brillaba en resplandores azules. Relinchaba y galopaba con crin y cola ondeando como banderas al viento, y parecía querer pegar su cuerpo bajo la ventanilla en que Natividad lo contemplaba fascinado.

Catalina, Alberto, Felipe y Fausto, vieron a su hermano agitar los brazos y golpear la ventanilla; como tratando de espantar algo. Se acercaron a Natividad y vieron a la hermosa bestia acercarse y pasar por debajo del tren. Llenos de consternación, pensaron que habría sido despedazado por las ruedas; pero, ¡cuánta sería su sorpresa al verlo aparecer al lado contrario! ¡Con el mismo galope enérgico y veloz!

Atónitos, se quedaron contemplándolo largamente, sin saber qué decir al enfrentar un hecho obviamente sobrenatural.

El corcel fue quedando atrás hasta perderlo de vista en una curva; pero en la memoria de la familia Flores, quedó grabada por siempre aquella visión. Hoy también ellos se agregan a la gente que cuenta de un caballo negro que, escapado del Incógnito, galopa perdido por los montes de Anáhuac.

EL JINETE NEGRO

Una tarde de febrero del año de 1957, salieron Fausto y Alberto en busca de una potranca que se escapó de "La Seis". Era el animal más consentido del rancho: recién amansado, de gran alzada, *cuatralbo* y de linda estampa. No podían permitir que se perdiera...

Y al trote de sus caballos, los hermanos fueron rastreando la huella por veredas y caminos carreteros, hasta avistarla por las cercanías del poblado. Espolearon sus monturas para darle alcance y, la yegua, presintiendo su captura, se lanzó a galope por el camino. La siguieron un poco hasta el puente del dren, que se encontraba obstruido por una camioneta descompuesta. El animal titubeó caracoleando en círculos, buscando otra vía de escape, y ahí se aprovechó el momento para echarle el lazo y regresar a paso descansado, desandando los caminos.

El sol era ya una roja nave que se hundía en el poniente entre un encrespado mar de nubes en-

cendidas. Paulatinamente moría la luz y la fresca brisa invernal empezó a acariciar los campos. Los paurakes revoloteaban celebrando la llegada de la noche y, a lo lejos, algún zorrillo marcaba su territorio dejando volar a los cuatro vientos su reclamo singular. La luna empezó a salir y se acomodó en el cielo que poco a poco se había ido vistiendo con su traje de estrellas. Fausto y Alberto, a ratos conversaban, y a ratos eran solo un par de centauros agregados al paisaje. Era una noche tranquila y bella, como lo son todas las noches en el limpio cielo anahuaquense.

De pronto, los caballos se inquietaron. Tal vez ventearon la presencia cercana de algún cascabel en cacería, o quizás era la proximidad de aquel jinete que apareció al fondo del camino. Montaba un gran caballo negro y, bajo la luna, brillaba la plata del ropaje, el freno y las espuelas. Al irse acercando, observaron que vestía todo de negro, con un sombrero de charro; pero los conmovió ver que llevaba familia en ancas. Una enlutada mujer, cabizbaja, acariciaba el cuerpecito de un recién nacido, desnudo, refugiado al pecho de su madre. Se veían tan ateridos, tan en silencio... Como abrazados por una profunda pena...

Al cruzarse los andantes, Fausto y Alberto saludaron a la familia peregrina que, con el rostro fijo en las piedras del camino, no contestó el saludo. Mientras las bestias se mantenían tensas, los hermanos intercambiaron una mirada de compasión por el cuadro que acababan de ver. Voltearon a dar una última mirada a la melancólica procesión, pero ya habían desaparecido bajo el resplandor de la luna y el vientecillo aquél; que de pronto, se había hecho más frío...

Eran sólo almas en pena, en un triste y eterno cabalgar hacia la nada...

EL RANCHO
LAS GEMELAS

Las aguas del río Salado pasan por ranchos y poblados recogiendo historias que luego comparten con el viento. Viento y aguas murmuran por el cauce las tragedias, y las llevan al oído del pastor y el pescador que han aprendido el lenguaje que en murmullos escuchan en el remanso. Así, las historias van más allá de la rivera y es contada a los niños, siempre atentos a descubrir el mundo, y la leyenda nace para encanto y solaz de los escuchas.

Era el rancho Las Gemelas, un lugar consentido por la naturaleza; pues, a lo largo de las orillas del río que lo cruza, se adorna con arboledas y bellos rincones dando al lugar un toque paradisíaco que atrajo a muchos visitantes. Su área de riego era generosa en la cosecha y su bonanza hizo felices a las familias que lo habitaron. Sin embargo, se cuenta que tras tantas bondades, en el lugar se vivió una

historia de amargura y muerte que hoy todavía se cuenta por los poblados de Anáhuac.

El lugar fue habitado hace muchos años por un matrimonio que si bien tuvo su tiempo de felicidad, luego el hombre se fue tras un nuevo amor, dejando rancho y familia para ya nunca más regresar. La mujer abandonada, trocó en amargura sus tristezas y desahogó sobre sus hijos, dos pequeños entre los cuatro y seis años de edad, todo el sufrimiento. Los constantes golpes y gritos se escuchaban a diario en aquel lugar de infortunio donde dos pequeños inocentes pagaban las culpas de su padre. Cuentan que una vez el castigo a palos fue tan despiadado, que ambos niños quedaron en cama y a los pocos días murieron.

Aquella mujer siguió su vida solitaria y atormentada, hasta que de alguna enfermedad, su alma fue por fin en busca del descanso y paz que la vida le arrebató. Mas el Cielo le cerró sus puertas y fue condenada a vagar en busca de sus hijos; cuyas almas, atormentadas aún por la injusta muerte que recibieron, vagaban también en busca de una respuesta al porqué de su tan corta y martirizada existencia terrenal.

El rancho cambió de dueño varias veces; algunos con menos dedicación que otros, pero se sostuvo algún tiempo hasta que decayó a tal grado que se cubrió de maleza el área de cultivo. A pesar de todo, siguió siendo visitado por la belleza de sus lugares que atraían a paseantes y pescadores que, al pasar alguna noche en vela para vigilar sogas y trasmallos, aseguraban oír voces lejanas de niños que jugaban, o el gemido apenas perceptible de una mujer que parecía llorar en busca de un bien perdido. Pero, conocedores de los ecos que el viento arrastra desde lugares lejanos, el desinterés de los visitantes los hacía ignorar los sonidos que flotaban en el silencio sólo interrumpido por las ranas y grillos en eterna serenata.

El rancho cayó en nuevos dueños y la casa y los corrales fueron reconstruidos. La parcela volvió a cubrirse de verde y el viento volvió a peinar los trigales deslizándose alegre y juguetón sobre sus espigas. La historia de aquella familia era ya una noción lejana y hasta la memoria de los viejos revivía aquel suceso, dudando ya si realmente habría acontecido.

Cuentan que una familia llegó a pasar las vacaciones en el rancho que lucía otra vez como en sus mejores tiempos. Era una pareja que tenía una niña que veía aún el mundo con curiosidad e inocencia. El dueño les prestó la casa, ya que él dormía con su familia en el pueblo, y los visitantes se dedicaron a disfrutar del río y la naturaleza descansando del ajetreo de la ciudad.

La pequeña gustaba de caminar por los linderos del rancho que era rodeado por un amplio camino. Una mañana, llegó a una choza en ruinas, y se acercó al ver dos niños jugando en el suelo. Les sonrió en busca de comunicación pero, pese a recibir de respuesta otra sonrisa, los muchachos parecían ignorar su presencia. La niña se retiró con una sensación extraña que le hacía intuir un algo inexplicable para sus tiernos años y decidió no comentar nada a sus padres. Pero aquella noche, empezó a entender de quién eran las voces lejanas que percibía en el silencio de su cuarto. Había unos niños por ahí, en un juego constante al que no podía ser invitada. El sueño llegó y la cama recibió a la pequeña que en su inocencia, se encogía de hombros ante lo que no podía entender.

Esa noche, un sueño la siguió hasta el amanecer: una mujer afligida asomaba constantemente a sus ensueños, preguntando por sus hijos.

Al día siguiente, despertó alegre buscando el aseo y el desayuno. En la mesa se enteró de los planes para ese día: irían a acampar al río. Desde ese momento, parte de la mañana se fue en preparar provisiones, anzuelos, sedal, lombrices y curricanes;

hasta que al fin, se encaminaron al río en busca de otro bonito día de campo. Al llegar a la orilla, lanzaron anzuelos al agua y ataron los sedales a una rama. La pareja se alejó un poco en busca de un lugar apropiado para establecer el campamento, y dejaron a la niña vigilando los movimientos del sedal sobre la superficie.

El lugar era bello y los peces saltaban aquí y allá chapoteando alegremente. De pronto, la niña descubrió una persona conocida que la contemplaba desde el margen de enfrente. Era una mujer que le sonreía como tratando de serle agradable; pero era su sonrisa un gesto que no podía ocultar una profunda tristeza. La pequeña la miró sin miedo y con la sonrisa de quien ignora lo trascendental de encarar un ente del Más Allá. Aquella extraña mujer sabía que la niña era un recurso que el Altísimo había puesto en su camino, y repitió la pregunta que tanto musitó entre sueños, obteniendo una pronta y risueña respuesta:

—Están en la casita del otro lado del rancho...

La madre dolorosa se fue desvaneciendo dando gracias al Eterno y repitiendo la promesa de amar y cuidar a sus hijos para siempre.

La historia terminó con unos sonrientes e incrédulos padres que festejaban las fantasías de su hija. Pero desde aquel día, las voces dejaron de escucharse por el rancho mientras que allá, en Lo Alto, una madre era recibida ante las puertas del Cielo junto a dos niños que llevaba de la mano.

EL HOMBRE LOBO
DE COLOMBIA

La tenue luz de las estrellas bañaba de plata el caserío mientras Colombia, Nuevo León, dormía arrullándose con el rumor del río, que al murmullo de sus aguas, agregaba la canción intemporal que ranas y grillos entonaban acompañados de flautas y susurros de viento. La sinfonía nocturna cubría una gran franja de la llanura y nada parecía poder romper la idílica paz de aquella noche de octubre de 1918.

Sin embargo, a unos cuantos metros del cauce, aquella quietud empezaría a desvanecerse ante el arribo de una tragedia que llenaría de intranquilidad y miedo a toda la población; pues, más allá de las orillas del pueblo, un pobre jacal se estremeció al ser sacudida la gruesa puerta de mezquite por alguien que llamaba aporreando con desesperación las duras maderas.

Una mujer en vigilia esperaba por su esposo y, preocupada, quitó la tranca y aldabones; pero en su corazón guardaba la esperanza de que nada le hubiera sucedido. Al abrir, a la luz del quinqué lo vio recargado en el marco, agitado y pálido, con la camisa hecha jirones y bañado en sangre.

Y un dolorido grito de mujer marcó el inicio de una triste leyenda que hoy todavía, se cuenta entre la gente de esta población.

Tras el sobresalto inicial, su esposa lo bañó y con fomentos de árnica lavó sus carnes desgarradas y lo hizo tomar algunos dientes de ajo para evitar la infección. Amorosa, veló su sueño y pasó la noche sentada ante la cabecera del lecho en que el hombre enfebrecido deliraba, contando entre sueños el ataque de un feroz lobo.

Inés Perales, era un jornalero que tenía como principal ocupación la recolección de leña y aquella tarde, había reunido la suficiente para abastecer los entregos y cubrir las necesidades del hogar por varios días. Al término de la jornada, se acercó a la mula para preparar los arreos de carga; pero el animal retrocedió lleno de nerviosismo. Luchó breves instantes para someterlo; pero al fin, lo vio correr desbocado y con un extraño terror reflejado en la mirada. El leñador quedó encolerizado e impotente; preguntándose lleno de enojo el porqué de aquel espanto repentino. Un gruñido profundo y sonoro se oyó a su espalda para darle una pronta respuesta.

Al dar media vuelta, enfrentó una bestia que ya volaba por los aires en busca de su garganta. Instintivamente, se cubrió el rostro y sintió un mordisco que en rápidas sacudidas le destrozó el antebrazo mientras era derribado por el peso de la robusta fiera. Se revolcó y rodó gritando de pavor. Con brazos y piernas se abrazó al corpulento animal y aferrado, sintió que eran menos las temibles dentelladas con que el atacante buscaba destrozarlo. Casi sin darse cuenta, tomó una piedra y la estrelló repetidamente contra la cabeza de la bestia que, de pronto, detuvo sus embates y quedó babeante y furiosa parada frente a Inés, que decidido a vender cara su vida, se lanzó en un salto suicida sobre la alimaña. Se dio otra breve lucha, hasta que el animal reculó quejumbroso y emprendió maltrecho la retirada.

El sol ya había caído, e Inés sintió que una debilidad extrema se apoderaba de todo su cuerpo. Cayó de rodillas y se derrumbó sobre la tierra dando gracias a Dios por haberle dado fuerzas para vencer a tan poderosa bestia... Y quedó ahí, tendido bajo las estrellas que fueron saliendo una a una por el oriente para asomarse a ver al valiente que se

desangraba sin posibilidad de auxilio en medio del monte.

Cuando despertó, vio que la noche estaba ya muy avanzada. La hora no importaba; sólo empezó a arrastrarse, siguiendo por instinto la dirección hacia el hogar. Se puso penosamente de pie, y tambaleante caminó hacia donde una mujer y unos niños esperaban su regreso.

Al paso de los días, aquel hombre fue sanando y volvió a la cotidiana lucha por ganar el sustento; pero, empezó a sentir un persistente dolor de cabeza que cada día parecía agudizarse, hundiéndolo por momentos en estados de depresión y mal humor. Su irritabilidad lo llevó a golpear sin compasión a un vecino del lugar por ínfimos motivos; y comprendió que algo le pasaba y era necesario buscar ayuda.

El 19 de octubre de 1918, el Encargado Político, Subteniente Longinos G. García, escribió una carta dirigida al Subsecretario de Gobierno del Estado de Nuevo León, pidiendo ayuda: "...para un hombre que fue atacado por un lobo rabioso, y que daba muestras de no haber recuperado completamente la salud."

Los estados de ira se hacían cada vez más frecuentes y ya Inés Perales no podía encontrar trabajo. Para el mes de diciembre se había convertido en una verdadera amenaza para la población y las quejas de las familias colombinas llovían sobre el Encargado Político, que empezaba a recibir reportes de aquel demente que merodeaba por las orillas del río Bravo, escondido entre los carrizales en actitud por demás intimidante; gesticulando, mostrando amenazante los dientes y gruñendo como perro furioso. Se alejaba cada vez más de las actitudes humanas y el escándalo corrió por las calles cuando atacó a un hombre a mordidas y rasguños.

"El suscrito, Longinos G. García, en funciones de Encargado Político de la Congregación de Colombia, informo a usted lo siguiente (...) y tenemos mucho problema en la Congregación por el vecino que fue mordido por un lobo; pues está actuando de manera extraña: acosa a la gente, gruñe, desgañita, araña, lanza espumarajos por la boca, camina en cuatro patas, y aúlla como un lobo..."

El Encargado Político jamás recibió respuesta del Secretario de Gobierno; así que decidió investigar personalmente en casa de Inés Perales. Estaba harto de las historias que la gente le llevaba sobre el "Hombre Lobo", y era necesario buscar un remedio para aquella situación; pero la familia de Inés le negó el paso y toda información. Así que aquella noche, preparó sus armas y, en compañía de un ayudante, se dirigió a la casa que antes fue hogar feliz y era ahora un lugar de infortunio. A lo lejos, un largo aullido se hizo escuchar... Quizás más lobos merodeaban en busca de ganado.

La sorpresa rindió frutos. Longinos y su ayudante entraron a la casa sin resistencia de la familia; y la esposa de Inés, con semblante de dolor y cansancio, les abrió la puerta del cuarto donde se encontraba su marido.

El cuadro que el Encargado Político contempló, lo llenó de encontradas sensaciones de compasión y espanto. Nada quedaba del Inés Perales que había conocido... En ese momento se dio cuenta que las historias contadas por la gente eran superadas por la realidad. El hombre aquél, ahora no tenía nada de humano; pues, limitado por las cadenas que controlaban su agresividad, se desplazaba por el oscuro cuarto como un cuadrúpedo, gruñía mostrando amenazadoramente los dientes, y vestía sólo raídos andrajos haciendo más espantable su aspecto sucio y feroz por aquella cabellera y barba irsutas que le daban la imagen de una verdadera bestia. Pero lo que llenó de un mal disimulado pavor al Subteniente Longinos, fue aquel aullido largo y triste que brotó de las babeantes fauces del mutante.

Quizás por el sincero deseo de ayudar a la atribulada familia, o tal vez para apaciguar los temores de la población espantada, el Subteniente Longinos llevó al llamado "Hombre Lobo" a la única celda del pueblo; y ahí, tras las gruesas rejas de metal, lo mantuvo libre de cadenas, procurando darle los cuidados que la insensibilidad del Gobierno del Estado le negó al desgraciado.

Y en la quietud de las madrugadas, un aullido escapaba de la celda y en alas del viento, volaba sobre el caserío; a veces con acento de desesperación ante la incomprensión humana; y a veces, con un profundo dejo de tristeza y soledad...

Con verdadera furia arremetía contra las rejas de acero y sus estados de ferocidad se hacían más intensos en las horas de calor. Los cuidados se hacían cada vez más difíciles y, muchas veces, la alimentación era imposible. Así, las semanas y los meses pasaron entre intentos por interesar a las autoridades por la salud de aquel pobre condenado. Tal vez cada carta era echada al archivo del olvido entre burlas de incredulidad que resonaban por los salones de cantera rosa del Palacio de Gobierno; mientras allá en la distancia, un hombre se consumía día a día al igual que aquel pueblo olvidado por el mundo; pegado a la frontera, pero lejos de todo...

A finales de mayo de 1917, el Encargado Político recibió un comunicado de la Secretaría de Gobierno. Era una carta que llenó de coraje y náuseas el endurecido rostro del Subteniente; hombre de armas y actor de innumerables batallas en la Revolución que sin embargo, nunca perdió la dimensión humana. Con furia y decisión, tomó la pluma y escribió:

"Al C. Secretario de Gobierno:
...pero muchas gracias por la ayuda que ofrece. El vecino mordido por un lobo rabioso, hace ya dos semanas que murió..."

¿De qué murió Inés Perales? Tal vez una aguda anemia por la irregular alimentación tras las rejas lo fue consumiendo paulatinamente hasta acorralarlo y empujarlo hacia la única puerta de escape que le quedaba abierta: la muerte... O quizás fue un caso de demencia con desdoblamiento de la personalidad, que fue lo que lo llevó a actuar como lobo.

¿Fue un caso de hidrofobia que duró casi ocho meses? ¿Fue un auténtico caso de licantropía? En aquel tiempo la población no tuvo la capacidad para entender cabalmente los males que padeció Inés Perales y sólo se atuvo a los hechos como elementos de juicio: un hombre que caminaba como un cuadrúpedo, que gruñía, que aullaba, que merodeaba por el monte al acecho de los humanos a los que atacaba con uñas y dientes, sólo podía ser... ¡un licántropo!

Hoy, casi un siglo después, el misterio de estos hechos perdura entre la población que como herencia, ha ido pasando de padres a hijos la historia que aún llena de miedo a los escuchas: la leyenda del Hombre Lobo de Colombia.

LA CARCAJADA
DE LA BRUJA

Fue por aquellos años de los cuarenta cuando don Eduardo Palomares compró una parcela cerca de donde los caminos de la Treinta y Cinco se juntan con el río Salado. Se llevó a vivir allí a su hijo mayor quien con su familia trabajaría la tierra que para todos daba, eran los tiempos de bonanza por la producción algodonera.

Luego de algunos meses de vivir en aquel rancho, una noche, la familia se quedó observando una luz que se desplazaba por los aires; en la lejanía, de un lado a otro. Era como una bola de lumbre que poseía algún tipo de inteligencia, porque bajaba y subía por los barrancos del río como buscando alguna cosa por el lugar. Largo rato contemplaron aquel extraño ser hasta que lo vieron alejarse hacia la sierra de Lampazos. Quedaron fascinados y empezaron a hacer conjeturas sobre aquello que acababan de observar; pero mucho tiempo tuvieron para

pensar en el hecho, ya que se volvió a repetir durante muchas noches.

Un día, Josué, nieto de don Eduardo, se propuso de una buena vez acabar con el misterio y tras darle vueltas al asunto, por la tarde ensilló su caballo y cargando rifle y machete avisó a la familia de sus propósitos; y al caer el sol partió por el monte con la temeridad que da la ignorancia por tener quince años y pensar que nada hay en el mundo que esa edad no pueda enfrentar.

Sin prisa, avanzó por veredas entre parcelas y pastizales hasta llegar a las orillas del Salado, a la altura por donde se veía llegar aquella bola de fuego. Bajó del caballo y tomó posición de alerta mientras la noche iba abrazando los montes, invadiendo con su sombra cada rincón. Luna y estrellas salieron a recorrer los cielos de terciopelo mientras el muchacho vigilaba el horizonte con el arma lista y la decisión en la mirada.

No tuvo que esperar tanto. Una bola de luz apareció por el sur y a largos saltos se iba poco a poco aproximando hacia su punto de espionaje. Volaba y tocaba tierra como si su vuelo no pudiera ser continuo; y al llegar al río, quedó flotando y empezó su exploración por todo el cauce, como buscando algo por una y otra orilla. Estaba a unos cien metros de Josué que contemplaba atento y ansioso por desentrañar el misterio apretando cada vez más el fusil entre las manos. La luz iba y venía con parsimonia, sin prisa alguna; hasta que el muchacho, no pudiendo controlar la ansiedad y nerviosismo que lo invadía, le gritó entre retador y asustado.

La luz quedó quieta y se apagó por un instante. Un ominoso silencio cayó sobre el paraje y grillos y aves de la noche parecieron participar de la tensión del momento. Josué pensó que habría asustado al flamígero volador y ya no volvería a aparecer por el lugar. De pronto, la luz apareció más lejos y empezó a avanzar otra vez hacia donde el espía quien se empezó a inquietar con una sensación de frío recorriendo su espina dorsal. La bola de fuego se detuvo a unos cuarenta metros y quedó quieta, como observando también entre curiosa y burlona a su cazador.

El tembloroso joven levantó el rifle y le hizo un disparo que apenas motivó un pequeño movimiento en el volador. Como buen anahuaquense, Josué era diestro en el tiro con diversos calibres y lo sorprendió haber errado el disparo; así que se repitió el fogonazo y disparó una y otra vez hasta que una carcajada de mujer le heló la sangre. La risa rebotaba por los barrancos y se repetía a lo largo del cauce en un eco macabro que taladraba hasta el cerebro del atrevido que, arrepentido y tembloroso, bajó el rifle en espera de algo peor.

Nada sucedió... La luz quedó ahí en tenebrosa espera hasta que empezó a volar lentamente en retirada. El cazador sacando fuerzas del horror que lo embargaba, levantó el 22 e hizo un último disparo. La luz se detuvo y algo sucedió tan trivial como insólito; en vez de la risa, una burla se escuchó en un cántico de sorna que entonaba un:

—Lero leeero ... Lero leeero ...

La luz se fue alejando displicente, sin prisa; y Josué quedó ahí con el rifle y el espanto que le erizaba el cabello sin saber qué hacer. Reaccionó sólo para trepar al caballo y emprender también la retirada a todo lo que su caballo podía dar.

Tiempo pasó para que el muchacho se recuperara del susto que le dejó tan traumática experiencia; pero aquella luz ya no se volvió a presentar por ese lugar. Los años pasaron y siguieron manifestándose las apariciones en diversas versiones y lugares; pero Josué, ahora cansado del largo camino andado y con el pelo encanecido, todavía recuerda una carcajada y una burla macabra que quedaron flotando para siempre en su memoria.

EL MAL PUESTO

En 1935, Mariana tenía 14 años de edad. Su abuela enfermó de gravedad y, tras recorrer la región buscando un remedio, se resignaron a verla acabarse poco a poco sin que doctor alguno pudiera encontrar siquiera un alivio para su mal. Tras algún tiempo de sufrimiento, la muchacha vio morir a su querida abuelita.

La noche del velatorio todo era tristeza y lágrimas. Mariana, cansada de tanto llorar su propio dolor y el de sus padres, salió al patio a darse un respiro. El vientecillo fresco de la noche le caería bien y calmaría un poco su espíritu atormentado ante una de las más fuertes experiencias: la muerte de un ser querido. Levantó su mirada a las estrellas en busca de una respuesta del Cielo a tanto dolor; pero lo que descubrió fue un par de bolas de fuego que como lámparas de luz colgaban en el vacío y se mantenían suspendidas sobre la casa.

Extrañada, acudió a sus padres y otros vecinos para que salieran a ver el fenómeno. Cuando acudieron, las esferas de luz estaban más claras. Un escalofrío recorrió sus espaldas como agua helada cuando de aquellos fuegos brotaron sendas risotadas de mujer, como festejando en maníacas carcajadas el dolor que embargaba a la familia. Tras esta macabra manifestación, las luces volaron perdiéndose en la noche. Los testigos de este espeluznante contacto, bajaron la vista y, temblorosos ante aquello que iba más allá de su entendimiento, se metieron al cuarto del velorio para tratar de calmar su espanto con oraciones más intensas, enfatizando en sus plegarias la súplica de todos los días: "...y líbranos del Mal..."

La noche terminó junto con la larga jornada de oraciones. El cuerpo de la anciana sería enterrado por la mañana en el tres veces centenario panteón de Lampazos y tras el oficio solemne con el párroco del pueblo, el féretro salió del templo de San Juan Bautista y fue acomodado en la carroza.

En estos movimientos, don Ezequiel Rodríguez observó un raro líquido que goteaba por la base de la caja y trató de limpiarlo con su pañuelo; pero lo retiró completamente seco, como si aquel fluido fuera sólo un espejismo. Varias veces observó en compañía de otros el goteo que se perdía en la nada y ningún paño lo podía retener como muestra. Hicieron un gesto de resignación ante el evidente misterio y así llegó el cortejo mortuorio a las puertas del panteón. Ahí, se elevaron las últimas oraciones y se dieron las finales manifestaciones de dolor profundo. Al fin, quedó el ataúd bajo dos metros de tierra y un cúmulo de flores que en señal de adiós dejaron los vecinos. Tras todo aquello, la vida tenía que continuar...

La noche del día del sepelio, Mariana y sus hermanos, tras cumplir con la primera sesión del Novenario, tendieron cobijas en el patio para pasar la calurosa noche de plenilunio a la fresca intemperie. En la conversación, las horas fueron avanzando y la luna ocupó el cenit. Su blancura hechizaba a los jóvenes que contemplaban árboles y cresterías de la casa iluminarse con pinceladas de plata. El solar resplandecía con tal claridad, que se podía observar a detalle cada objeto que circundaba a los muchachos.

Pero algo llamó más su atención: al final de la vieja casa se desplazaba una mujer ataviada como rayo de luna. La blancura de su vestimenta no les impidió notar las largas trenzas rematadas en listones cristalinos. Su paso era un lento deslizarse por la superficie, y pasó indiferente, a tal distancia, que

los conmovidos espectadores la reconocieron y pronunciaron trémulos de miedo:

—¡Es mamá Lupe...!

Unos se taparon el rostro para no ver más aquella aparición y otros siguieron con la vista su desplazamiento hasta verla entrar al cuarto que fue de la difunta abuela. Al perderla tras la puerta, empezó a escucharse el chirriar de la mecedora, el mecánico y rítmico sonido de la máquina de coser, y los cabellos se les erizaron de espanto al escuchar como también en la vieja vitrola, empezaba a sonar una sentida melodía que había sido la favorita de la muerta.

Como a una señal, todos se levantaron y llenos de terror corrieron al cuarto de sus padres. Ahí, también don Nicolás y doña Antonia, escuchaban conmovidos la macabra serenata. Las nostálgicas notas ahora sonaban lúgubres. Brotaban de la nada y salían del cuarto en soledad volando por patio y casa entera, sobrecogiendo de terror a los oyentes.

Una noche después, se observó la mecedora de la abuela otra vez en leve movimiento. Se pensó que el viento era la causa de aquello y no hicieron caso. La noche siguiente, aunque sin viento, el movimiento se repitió y empezaron a ver con algo de miedo que se mecía cada vez con más fuerza y ritmo hasta que la blanca aparición ocupó el asiento mientras la vitrola de cuarto de la abuela, empezó a tocar de nuevo la sentimental melodía.

Ya no hubo lugar a la más leve duda: la difunta rondaba la casa de sus amores y desde entonces, las oraciones del Novenario fueron una mezcla de fe, consternación y miedo.

La luna fue pasando de llena, a cuarto menguante, y las notas de aquella serenata se repetían con el fantasma sentado en aquella mecedora donde en vida arrulló sus sueños de juventud, sus hijos, sus nietos y sus días finales. Aquella noche, Mariana recibió una inesperada visita: la abuela apareció frente a su cama y le habló con tal dulzura que sus palabras apaciguaban todo temor y la escuchó sintiéndose protegida, envuelta en una atmósfera de paz, como si de aquel ser emanara una corriente de amor que la envolviera...

La apacible aparición le pidió que comunicara a los demás un insólito mensaje:

—Para descansar en paz necesito que vayan al camposanto y saquen del pie de mi sepulcro un frasco enterrado... En él está el mal que me pusieron... Sáquenlo y ayúdenme a descansar... No quiero andar penando... No quiero andar penando...

Los mayores de la familia no podían dudar de Mariana pues, con todo lo anteriormente sucedido, ya cualquier cosa podía esperarse. Convencidos, acudieron al otro día al panteón y cavaron al pie de la tumba. A poca profundidad encontraron un frasco con sustancias extrañas que esparcieron a los cuatro vientos. El Mal había sido conjurado...

Cuentan que después de estos hechos, la abuela dejó de rondar la casa y mecedora y vitrola quedaron también en paz y quietas para siempre.

ANTES QUE
LA NOCHE LLEGUE

Era Domingo de Resurrección, y los pobladores de Colombia se vieron invadidos de visitantes que de Anáhuac y Nuevo Laredo llegaban con sus familias en busca de los sombreados paraje del río Bravo, para celebrar el muy fronterizo y tradicional Día de la Coneja. Los paseantes llegaron desde muy temprano para alcanzar los mejores lugares; aquellos de sombra cerrada y donde el agua es poco profunda para pasar sin sobresaltos el rato de esparcimiento mientras los mayores buscaban un remanso para lanzar el curricán, soñando ya con un catán en chicharrón para agasajar a los niños.

Nadaron y gozaron del agua hasta llegar el momento culminante en que los pequeños se lanzarían a buscar los decorados huevos pascuales, previamente escondidos por los mayores. El ganador sería quien recolectara más huevos; pero el final fue el perseguirse unos a otros para quebrarse en la

cabeza los cascarones; quedando bañados de confetti que limpiaron con un último chapuzón.

La tarde avanzó y las familias se fueron retirando; pero quedó una que no se resignaba a dar por terminado el paseo. El astro rey ya desaparecía por el poniente y, a pesar de que ya habían recogido el campamento, los niños permanecían en el agua; refrescándose y disfrutando de un día feliz que se iba con el sol. Los pájaros se habían recogido en sus nidos y silenciaron su canto para dar paso a una nueva sinfonía ejecutada por los grillos y ranas que empezaron a llenar el viento con sus coros.

En los últimos momentos de visibilidad, empezaron a salir del agua con desgano; pero de pronto, un extraño silencio se impuso. Grillos y ranas enmudecieron y el aire se llenó de presagios. El agua se empezó a agitar como si algo sacudiera el lecho del río. La superficie se movía y producía figuras como si una lluvia invisible la azotara, mientras un murmullo misterioso empezó a oírse y a crecer llenando el ambiente como si el río estuviera a punto de revelar un tenebroso secreto.

Por fin, llegó aquello que los fenómenos previos parecían anunciar: vieron una mujer que avanzaba lentamente sobre el agua, por todo el cauce del río, sin poner atención en aquella familia que la contemplaba petrificada de espanto. Parecía toda hecha de humo blanco que ondulante se movía al ritmo de la caricia del viento. De pronto, detuvo su paso sobre el agua para abrir la boca y lanzar un doloroso lamento que penetró los oídos de los espectadores, y los hizo reaccionar corriendo entre gritos de terror hasta la camioneta que esperaba unos metros más adelante.

El chofer maniobró torpemente con los cambios, y dio un arrancón descontrolado por el pánico. La camioneta no libró el poco espacio de que disponía y desbarrancó cayendo a la parte de aguas profundas, en un trágico final que llenó de compasión a las primeras estrellas que salieron por el oriente a contemplar aquella tragedia.

Hoy, el viento suspira por todo el cauce las mil historias que guarda el caudal del Bravo y los habitantes de Colombia, aún cuentan de una blanca aparición que lamenta sus penas por el río, llenando de terror a quien la escucha, o causando desgracias como la de este relato que todavía cuentan a los niños para que se retiren del río...

Antes que la noche llegue...